# O Princípio dos Interesses Coincidentes

**Direitos reservados desta edição**
RiMa Editora

C436p    Chalegre, Petrucio
       O princípio dos interesses coincidentes – o conceito
de interdependência usado a favor de sua empresa /
Petrucio Chalegre – São Carlos : RiMa Editora, 2013.

     115 p.

     ISBN 978-85-7656-272-6

     1. administração. 2. economia. 3. interdependência.
I. Autor. II. Título



*RiMa*
www.rimaeditora.com.br
Rua Virgílio Pozzi, 213 – Santa Paula
13564-040 – São Carlos, SP
Fone/Fax: (16) 3411-1729

# SUMÁRIO


Prefácio ........................................................................................ 7

Introdução: O Motorista ............................................................. 11

Capítulo 1: Os Dois Lados da Corda ......................................... 17
    Uma comédia nacional ........................................................ 18
    Os banheiros sem dono ....................................................... 20

Capítulo 2: Os Sistemas de Remuneração Que Falham ............ 24
    A utopia socialista ............................................................... 25
    O Japão transplantado ......................................................... 25
    O problema das comissões lineares ..................................... 27

Capítulo 3: Um Modelo de Sistema Correto ............................. 30
    Um caso de divergência de interesses .................................. 32
    Informação contínua ............................................................ 34

Capítulo 4: Metas ....................................................................... 36
    O gestor de metas ................................................................ 39

Capítulo 5: A Curva de Gauss e a Excitação Máxima ............... 42
    A busca da excitação máxima ............................................. 45
    O presídio simulado ............................................................ 46

Capítulo 6: Recompensas e Seu Oposto .................................... 49
    O metrô holandês ................................................................ 49
    O desfile de Carnaval ......................................................... 52
    As escolas de samba ........................................................... 53

Capítulo 7: Prêmios e Recompensas Psicológicas .................... 55
    A remuneração psicológica ................................................. 57
    A pregação incansável ........................................................ 58

Capítulo 8: Estímulo e o Primeiro Princípio ............................ 61
    A fábrica de bolas ............................................................... 63

Capítulo 9: O Segundo Princípio ............................................... 67
    É muito tempo... .................................................................. 68
    A distribuição de lucros e sua falha teórica ........................ 69
    A informação pública .......................................................... 70

Capítulo 10: O Terceiro Princípio .............................................. 73
    A impermanência ................................................................ 75
    Lapso temporal excessivo .................................................... 75
    Mudanças culturais: a verdadeira dificuldade ..................... 76

Capítulo 11: O Quarto Princípio ................................................................ 79
    Sectarismo nas empresas ........................................................... 81
    Prêmios e símbolos de sucesso ................................................ 82

Capítulo 12: O Quinto Princípio ................................................................ 85
    Itens de controle ....................................................................... 87
    A matemática do caos .............................................................. 88

Capítulo 13: Sistemas de Treinamento ..................................................... 91
    Treinar para executar ................................................................ 93

Capítulo 14: A Meritocracia ...................................................................... 96
    Regras para uma meritocracia .................................................. 98

Capítulo 15: A Teoria dos Jogos ............................................................. 102
    A derrapagem na curva ........................................................... 103
    Walras e o leilão perfeito ......................................................... 106

Bibliografia ............................................................................................. 109

Notas ...................................................................................................... 113

# PREFÁCIO

O amigo Petrucio Chalegre tinha acabado uma palestra em uma livraria aqui em São Paulo, marcando o lançamento de um livro. Depois de ouvi-lo discursar sobre questões da mente humana e como esta nos move através da vida, tomávamos um chá e colocávamos os vários anos de troca de e-mails e nenhuma proximidade física em dia, na tentativa de não esquecermos de nada e lembrarmos os quase cinco anos sem nos ver. Embora as trocas de e-mails e mensagens fossem semanais, não houve causas suficientes para que nos encontrássemos com mais frequência. Quase 20 anos de amizade se resumem a, no máximo, cinco ou seis encontros cara a cara. Mesmo assim, nutrimos uma ótima amizade, respeito e admiração mútuos, além de alianças fraternas. Tinha me perdido na conversa com a dona da livraria e ouço: "Está aqui, Mauricio Ghigonetto, executivo, diretor de vendas, décadas de experiência. Perfeito!". Não tinha entendido nada ainda e voltei-me ao outro grupo. Petrucio Chalegre então me lança o desafio na frente de seu editor: "Você escreveria o Prefácio do meu próximo livro? É sobre os Princípios dos Interesses Coincidentes. Um assunto que você domina e do qual tem uma larga experiência". Bom, diante de tal honra e mesmo tendo relutado um pouco, não pude me furtar a contribuir com um velho amigo. Lancei-me na experiência.

O desafio de escrever um livro sobre negócios é cair na mesmice de passar conceitos idênticos com nomes diferentes e encher o livro de teorias e citações para corroborar ou forçar a corroboração de ideias vistas como simples. Dessa forma, o autor desenvolve uma leitura pesada e provoca uma inexorável situação de qualificação de leitores, classificando os como "os que acham que entenderam" e "os que definitivamente não entenderam nada", mas o livro fica bonito sobre a mesa do escritório ou na estante atrás desta. Infelizmente, mesas que ostentam livros e crachás de eventos, em contrapartida a atitudes medíocres de gestão ou mesmo estagnação de planejamento e falta de visão de longo prazo, só mostram o quanto seus ocupantes carecem de experiência ou mesmo de competência gerencial. Portar um livro ou, mesmo, simplesmente lê-lo não constrói ninguém, pois, se assim fosse, o administrador da Biblioteca Nacional poria o Oráculo de Delfos no banco de reservas. As palavras certas para um bom gestor são execução, respeito e compaixão!

É por isso que a presente obra prende o leitor desde o primeiro parágrafo. O experiente Petrucio Chalegre não nos enche de teorias e resultados hipotéticos ou, mesmo, cita sucessos alheios para corroborar seus pensamentos e ideias. Ele apresenta os próprios sucessos como plano de fundo para seus Cinco Princípios dos Interesses Coincidentes, inundando a obra com situações em que viveu intensamente a implantação de ideias simples, quiçá revolucionárias, no mundo da produção industrial e sua consequência nas vendas de uma empresa. O foco da obra é a prática e não a teoria, embora esta se encontre muito bem embasada em definições universais e amplamente conhecidas, ainda que constantemente esquecidas por profissionais em geral.

Teoria das Filas, Teoria dos Jogos, Estatística Elementar e Curva Normal, ABC, Paretto, estão todos presentes neste livro para embasar os Princípios, mas o mais importante elemento apresentado para "grudar" tudo isso é o conceito oriental da interdependência. A interdependência define que tudo e todos estão de alguma maneira interligados por suas ações e reações, além das condições que tais relações provocam entre si. Uma pequena ação de um único funcionário, mesmo que seja um ajuste de apenas 1 milímetro em uma máquina produtiva, pode alterar positivamente toda a cadeia produtiva de uma empresa, aumentando suas vendas em vários pontos percentuais. Por outro lado, uma decisão mal tomada ou feita de maneira ególatra pode levar ao fracasso de todo um projeto. Interdependência toca diretamente na coletividade, e Chalegre esbanja exemplos para ilustrar sua importância, tema difícil de encontrar em tantos livros de negócios.

Chalegre mostra ainda que os Interesses Coincidentes referem-se, em primeiro lugar, ao âmbito social da empresa, à coleção de seres humanos integrados para fazer aquele organismo andar para frente. A coletividade se apresenta como o fator genético das mudanças em uma organização, já eternizada por Alexandre Dumas em sua obra os *Três Mosqueteiros*: "um por todos e todos por um".

Já nos primeiros capítulos, empolgado com os casos contados pelo autor, me encontrei divagando para um passado de mais de uma década, quando tive a oportunidade de ler os princípios do *HP Way*, um pequeno conjunto de regras de convivência e conduta escrito pelos fundadores da Hewlett-Packard: William Hewlett e David Packard. Lembrei-me de um deles, que sempre me acompanhou desde então: "Construa uma ambiente saudável na empresa e os resultados virão naturalmente". Implantar uma ideia dessas hoje em dia é para poucos, pois as empresas se pautam mais pelo "me diga sua meta e te direi quem és" do que por princípios mais compassivos apresentados por meus gurus de outrora. Construir um ambiente saudável em uma empresa requer, antes de tudo, coragem e determinação: coragem para ir contra o *status quo* das teorias do dia a dia calcadas no "funcionou até agora e devemos continuar assim" e determinação para mexer com o que Chalegre chama de a variável mais complexa da mudança, corroborada por Maslow: a cultura vigente.

Quando o autor discute metas, métricas e recompensas, coloca na mesa a implacável barreira cultural que freia o gestor corajoso e destemido. Barreira esta que não é construída pelos menos instruídos, como mostra Chalegre, mas justamente pelos mais instruídos, pelos gerentes médios que almejam supostas carreiras por seguirem justamente o bê-á-bá que não funciona na empresa, ou que funcionava em outro contexto e agora precisa ser alterado. Claro que leremos a seguir que, uma vez definidas as regras do jogo, temos de esperar algum tempo até que a partida comece e se desenrole para colher os resultados, pois não há gol válido antes do apito inicial, aí é só treino. Leremos que precisamos de um tempo de ajustes, mas, uma vez emplacados, não há como retardar os resultados e, por sua vez, os prêmios também não poderão ser concedidos muito tempo depois do final da partida. Chalegre propõe mesmo que se distribuam prêmios durante a peleja, para os melhores em campo. Vendo essa passagem me lembrei de uma empresa que produz complexos sistemas de armazenamento de dados e que se orgulhava por ter um *turnover* médio de seis meses entre os vendedores – sem resultados em um semestre, rua. Peguei-me sorrindo, ao visualizar meu amigo entrando nessa empresa como consultor e rindo por dentro da situação.

Metas justas definidas de maneira técnica, com visão mercadológica e principalmente cônscia de seus limites produtivos, geram um tremendo respeito entre a gerência, o time de vendas e a equipe produtiva e determinam as condições ideais ou quase ideais de relacionamento intraempresarial, como nos mostra Chalegre nos capítulos "Metas" e "Recompensa e Seu Oposto". Metas justas associadas a uma recompensa justa definem o caráter social da empresa e o nível austero da equipe gerencial, alinhando o "ego empresarial" aos "egos individuais" de cada elo da corrente interdependente da empresa. O autor fala-nos não somente do reconhecimento financeiro nessa parte, mas também do reconhecimento psicológico, aquele famoso "obrigado" em público, ou o "empregado do mês", ou ainda o muito obrigado de um figurão corporativo. Ele mostra a clara relação da remuneração psicológica com o "custo hepático" dos indivíduos.

Permeando a obra, temos uma clara visão de que, como em um reino, uma empresa precisa de vários perfis profissionais, e o maior erro pode ser forçar determinado tipo de trabalhador a exercer algo para o qual não está talhado ou treinado. A importância da boa seleção e o treinamento adequado do *staff* são colocados como variáveis determinantes para a formação do universo empresarial, levando em conta que uma empresa precisa de diversos níveis de profissionais para funcionar e nem sempre a interconexão é possível. Especialmente na "casta" dos vendedores, temos de levar em consideração que há uma grande dose de "dom" na construção de um profissional de vendas, além das características técnicas do cargo. Não basta planejamento (que é extremamente importante), é necessária uma dose de instinto e genética. E um vendedor também precisa de experiência e treinamento para desenvolver suas habilidades.

No fim, após concluirmos este livro, temos a sensação de que ele poderia se chamar "A Melhor Empresa para Se Trabalhar" ou "A Empresa Humana", tal a satisfação de ver conceitos tão simples e tão evidentes sendo aplicados em empresas de vários segmentos com resultados eloquentes, diretos e aferíveis. Em um momento em que empresários se preocupam tanto com planejamento e deixam a execução de lado, comprando quilos e quilos de papéis consultivos de pouca ou nenhuma aplicabilidade, em grandes tentativas de lucro rápido e fácil, ou ainda implantam soluções paliativas para tentar compensar o incompensável, equilibrando vida-trabalho com programas de "suposta qualidade de vida", sobrepondo egos pessoais aos empresariais, a obra de Chalegre nos inunda com um sentimento de que algo pode ser feito de maneira rápida e objetiva para recuperarmos maneiras de trabalhar muito esquecidas pelas empresas modernas, mas que vingavam na cabeça de muitos empresários bem-sucedidos no passado. Empresa verde, cotas para deficientes, salas de descompressão, massagens, não compensam a falta de comunicação, o egoísmo gerencial  e a gestão predatória em busca de lucros trimestrais. Petrucio Chalegre mostra, com sua experiência de muitos anos, que a empresa pode ser sim um organismo vivo, saudável, com corpo e mente alinhados. E para se ter isso basta entendermos que tudo está interligado. Boa leitura!

*Mauricio Ghigonetto*
Diretor de Vendas de Consultoria em Tecnologia
Formado em Marketing e Administração de Vendas,
com especialização em Governança de Tecnologia pelo MIT

# O MOTORISTA

Ele jogou minha mala no carro, sorriu contrafeito e perguntou:

– Muito frio no Sul?

Respondi automaticamente:

– Como aqui.

Pensei de imediato, enquanto me acomodava no carro da empresa para a qual eu prestava consultoria, o quão pesado é o clima empresarial para funcionários como ele, e tratei de pô-lo à vontade, fazendo uma pergunta e outra ao mesmo tempo em que nos preparávamos para partir:

– Faz tempo que você trabalha aqui? Como é o setor dos motoristas? Você gosta desse trabalho?

O carro acelerou visivelmente enquanto o olhar do motorista indicava seus pensamentos girando no mesmo ritmo. Quieto, olhei a autovia serpentear, aguardando o que viria. Após alguns segundos, sua voz chegou ligeiramente mais alta do que antes:

– O senhor sabe como é, cada um puxa para um lado, tem gente que não cuida dos veículos e depois estoura em cima dos outros. Meu chefe só quer estar bem com o gerente de transportes...

Enquanto ele contava a história normal do jogo de esconde-esconde das empresas, eu mergulhava em recordações.

O diretor estava indignado porque os funcionários da fábrica haviam quebrado duas máquinas valiosas em um dia. Eu havia comentado com ele que não era boa ideia comprar um carro novo e estacioná-lo, como um acinte, bem em frente aos operários de quem ele havia cortado vantagens a título de redução de despesas:

– Ora, Chalegre! É incrível que um homem como você não compreenda! A empresa pode estar até precisando enxugar despesas, mas minha situação particular é boa! Uma coisa nada tem a ver com a outra!

E eu ali na sua frente, o ar-condicionado zumbindo, a enorme mesa dos diretores diante de nós, tão vazia de objetos quanto ele se deixava ficar vazio de compreensão perante os sentimentos dos operários. Eu podia imaginar os pregos descendo pelo equipamento delicado, o quebrar das engrenagens de precisão, a vingança silenciosa. E a minha lamentável incapacidade de convencê-lo.

Muitos quilômetros dali, o executivo de contas a lamentar:

– Olhe, aqui nesta empresa, todo o meu grupo ganha igual, se alguém fizer algo melhor, nem tapinha nas costas, meu amigo!

Tudo o que ele queria era algum reconhecimento. Que não viesse sob a forma de dinheiro, pelo menos que lhe batessem nas costas em público e dissessem:

– Bom trabalho!

Dia após dia a negociar, a tentar fazer o melhor possível, sem retorno algum. Mesmo os caçadores nas tribos primitivas podiam distinguir os olhares de reconhecimento pelo bom trabalho. O prestígio na hora de falar ao redor da fogueira. Ele não, trabalhasse bem ou mal, era tudo a mesma coisa.

O carro passou por um posto policial. O motorista franziu os lábios com uma expressão de desprezo:

– Esses aí só pensam em achacar os motoristas. Basta molhar a mão deles que está tudo bem. Sorte que evitam os carros de empresa, pode dar complicação... Quando chega o fim do ano, ficam enlouquecidos para extorquir quem puderem, querem levar mais para casa.

Imaginei a vida do guarda rodoviário. O senso de grupo separado, a farda a dizer permanentemente que pertencia a outra tribo, o respeitoso temor dos motoristas, o poder de multar, de procurar alguma coisa errada. Em casa, a esposa calada e satisfeita com qualquer dinheiro a mais, sem nenhuma pergunta, o rosto feliz do filho no Natal. A extorsão como modo de complementar o salário e a certeza de que todos os outros fazem o mesmo, quem não faz é trouxa. Denúncia? Punição? Nunca tinha tido notícia. Essas eram as regras do jogo.

A onda de pensamentos levou-me à polícia do Rio de Janeiro e à má ideia de premiar por bravura cada policial que matasse um bandido. Condecoração, dias extras de folga e mais uma bonificação. Rapidamente, o número de mortos começou a crescer. Polícia eficiente esta! Até que ficasse comprovado que primeiro se atirava e depois se fazia qualquer pergunta, o instituto de necrópsias já estava atulhado de corpos perfurados.

– A empresa é rica, doutor – prosseguiu o motorista. – Se o senhor visse o que eles desperdiçam! A direção vive falando em economizar, mas quem está trabalhando só vê compra e mais compra de material que depois fica estocado, escondido pelos cantos, sem uso. Consultor, como o senhor, não é o primeiro não! Vêm aí, fazem um monte de perguntas, escrevem uma montanha de papel e depois vão embora. Para mim, esses tais de relatórios são para encher gavetas! O senhor me desculpe, mas não vejo as mudanças...

Verdade pura, pensei.

– Você tem razão – respondi-lhe. – Tenho visto muito disso. Esses relatórios, muitas vezes, acabam não sendo executados, eles são um belo consolo, uma maneira de atirarem a culpa em alguém externo, e quem melhor que uma consultoria? Mas não é essa nossa maneira de trabalhar, nós nos comprometemos com a execução.

Então, optei pelo silêncio. Já havia falado demais. A experiência me ensinou que nunca se fala suficientemente pouco em uma empresa. Qualquer coisa pode ser usada contra você – como diz aquele cartãozinho que os policiais americanos leem nos filmes.

Lembrei-me de um caso recente. Tratava-se de uma execução de projeto. Ideias excelentes haviam sido postas em prática. O sucesso era grande, as filiais-testes contavam com maravilhosos gráficos. Os departamentos começaram a lutar entre si para ficarem com a execução. Quais os argumentos? Economizar dinheiro. Fazer tudo de forma mais rápida.

Por quê? Porque assim o executante ganharia prestígio. Numa luta dessas, vale tudo dentro da corporação. Departamentos digladiam-se e utilizam os mais variados argumentos para convencer a direção de que o projeto deve ser de sua área. A partir daí, se as coisas serão bem feitas ou não, já não é o caso. O que importa é obter prestígio, ter o projeto em seu currículo.

E se não der certo? Fácil, é só responsabilizar a fraqueza gerencial da área de vendas pelos problemas. Afinal, os gerentes comerciais são os únicos que têm adversários no campo de jogo, são os que enfrentam a concorrência e, se acusados, podem apontar para o mercado e defender-se. Organismos internos têm pouco o que dizer sobre sua inabilidade, podem apenas apontar outra área e lá colocar a culpa.

Parecem não ser sinceros? Não, eles realmente acreditam estar certos. Perdem-se em elaboradas justificativas e acabam acreditando que fazem o melhor para a empresa. Só muito tempo depois é que se darão conta de que o retardamento e as ineficiências de execução custaram caro.

O veículo parou em um pedágio e, logo a seguir, um restaurante convidava a um café. Para quem acorda de madrugada a fim de pegar um avião, um café é muito bem-vindo. Convidei o motorista.

Sentados à mesa, vi-o sorver o líquido com cuidado para não molhar o bigode. No mato ao redor havia pássaros em revoada. As mesmas lutas: insetos escapando de sabiás, sabiás fugindo de gaviões.

Lá fora, porém, o objetivo não era comum. Dentro de uma empresa, por sua vez, o organismo deveria estar todo comprometido naturalmente em uma mesma direção. Por que não era assim?

Por uma razão:

*Quem disse que o alvo era comum?*

Motoristas, diretores, guardas, polícias, vendedores, gerentes comerciais, todos estavam comprometidos com alvos próprios, ou pessoais, ou setoriais.

Solução:

*Pura técnica de gerenciamento.*

Extraordinariamente difícil, é verdade, porque implica entender os meandros da mente humana. Nada de novo, nada que Aníbal, Alexandre, Napoleão, Gandhi, Cristo, Buda não houvessem percebido.

*Conduzir seres humanos significa dar a eles objetivos comuns.* Desencorajar as lutas internas. Premiar as condutas adequadas, punir as prejudiciais aos objetivos.

Mas como? Tentando compreender as razões!

E foi assim que me sentei para escrever este livro. Quero explicar como e quando funciona um método, por que um falha enquanto outro é vitorioso. Examinar, principalmente com foco na luta comercial, a conduta humana.

É inconcebível que nossas empresas ainda sejam tão primitivas na compreensão do *princípio dos interesses coincidentes*. Sua aplicação inteligente pode melhorar muito a rentabilidade da empresa e, com ela, a satisfação daqueles que ali se encontram.

Mas, fora do âmbito empresarial, a administração pública não é infensa a seus efeitos. Na realidade, nenhuma organização humana deveria ignorá-la. Aqueles, no passado, que compreenderam seu poder de concentrar esforços e de produzir resultados foram chamados de grandes líderes.

Eis aqui uma compreensão simples e clara, ao nosso alcance. Aqui, vamos nos dedicar às organizações comerciais, mas seus princípios são de aplicação muito mais ampla.

Apenas um lembrete:

Quando estiver lendo, PENSE GRANDE!!!

# CAPÍTULO 1

# OS DOIS LADOS DA CORDA

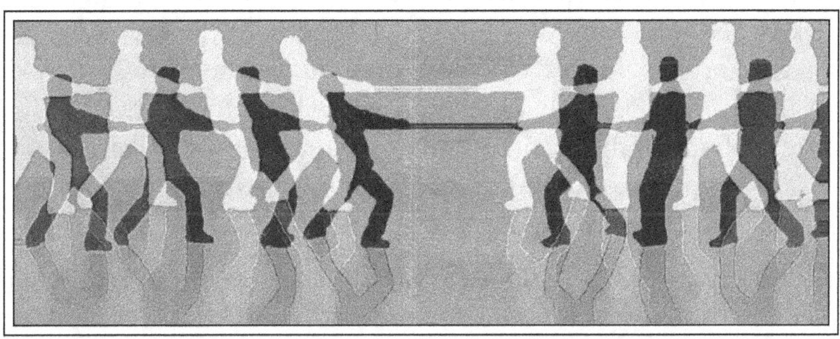

Dois exércitos lutam para dominar um mesmo território, seus interesses são profundamente antagônicos, cada metro conquistado por um grupo de soldados será inevitavelmente roubado do espaço que um grupo inimigo ocupava há pouco. Este é um exemplo perfeito dos interesses conflitantes. Sempre que as regras de um jogo colocam os interesses de um grupo contra outro, tudo será feito para obter vantagem às custas do interesse alheio.

Agora, observe um casal no cuidado de seu filho. Ambos se esforçarão para que ele não caia, cada um aceitará fazer um papel diferente para o bem do rebento. Ora um irá comprar algo enquanto o outro embala a criança, ora inverterão suas posições de bom grado desde que no interesse do objeto de amor mútuo.

Esses aspectos do comportamento humano são às vezes ignorados pelas pessoas que criam as regras do jogo dentro de uma empresa. Quando se estabelecem metas ou objetivos a serem buscados por uma equipe, estamos também estabelecendo um jogo.

Sobre esse assunto interessantíssimo, foi criado um ramo inteiro da matemática, a Teoria dos Jogos. Não vamos descrevê-la aqui. Dedicaremos um capítulo particular a ela.[1] Basta que saibamos que aqueles policiais citados na introdução estavam jogando segundo as regras: uma morte, uma condecoração por bravura. É claro, a morte tinha de ser de bandido, mas quem estava lá para definir quem era um facínora?

Também, o chefe dos motoristas participava do jogo que a empresa havia estabelecido. Afinal, quem era o juiz do seu trabalho? O gerente. Como o gerente o julgava? Por intermédio de seus relatórios. Ele podia manipular as informações para se beneficiar no julgamento do chefe? Sim. Então, ele estava jogando errado? Não, estava jogando de acordo com as regras instituídas.

Todos sabem como se coíbe a violência em uma partida de futebol. Se o juiz é leniente, isto é, se ele tolera a violência, os atletas logo percebem que as agressões não serão punidas. Em pouco tempo, os pontapés e encontrões crescem, testando os limites, e de repente os dois times estarão fora do controle do árbitro. Um juiz sábio mostra o que tolera ou não, bem no início do jogo. Os envolvidos sabem então que precisam se conter. Cresce o senso de justiça, sabe-se que não há impunidade. O que o juiz fez? Mostrou logo de início quais eram as regras daquele jogo.

Os participantes são rápidos em identificar seus interesses e em agir de acordo com eles. Uma vez ou outra, as regras premiam um comportamento que não é interessante para a empresa. Isto ocorre, por exemplo, quando aquele que se esforça é punido com aumento de encargos em vez de ser premiado com reconhecimento. Bem depressa, todos percebem que o esforço não é compensador.

## Uma comédia nacional

Certa vez assisti a uma comédia brasileira em que um subalterno era chamado pela chefia da repartição. O chefe lhe perguntou:

– Sr. Ambrósio, diga-me, quantos processos o senhor instruiu nesta semana?

– Dez – respondeu cabisbaixo aquele herói anônimo.

– E o senhor sabe, seu Ambrósio, quantos processos, em média, instruíram seus colegas?

– Não – respondeu Ambrósio com um fio de voz.

– Dois cada um. Dois cada um!

O chefe rugia entre perdigotos.

– Sr. Ambrósio, só me resta lhe pedir uma coisa!

– Sim? – e o pobre homem afundou-se ainda mais na poltrona, sem atinar com a sua falta.

– Sr. Ambrósio chamei-o para pedir-lhe que trabalhe mais! O senhor é o único que tem capacidade aqui!

Aterrado, Ambrósio saiu da sala tropeçando nas cadeiras.

Em geral, todos percebem quando é assim e tratam de adaptar-se antes que o mundo lhes desabe na cabeça, como ao castigado personagem dessa história. Alguém devia tê-lo avisado das regras do jogo. Não era para se esforçar, era para trabalhar como os outros, sem chamar atenção.

Nas equipes de vendas, pode ocorrer que se crie uma regra de remuneração por comissões. Quando, em razão de um grande sucesso, um vendedor começa a ganhar acima da média, diminui-se sua percentagem ou reduzem-se seus clientes. Esse critério torna clara a regra do jogo: é melhor não se esforçar demais, um comportamento mediano é mais conveniente.

Esses raciocínios nos levam à conclusão de que os responsáveis pelo comportamento dos jogadores são, em última análise, aqueles que estabelecem as regras do jogo. Com o devido cuidado, temos de aprender a procurar regras que levem o comportamento ao encontro dos interesses da empresa. Regras que também façam com que os jogadores se empenhem em objetivos comuns e não conflitantes.

Em um cabo de guerra, temos participantes puxando nos dois lados da corda. Isto é puro desperdício de energia, precisamos trazer todos para o mesmo lado. Devem eles agir como quem cuida de um filho e não como exércitos em guerra por objetivos tais que, quando um ganha, o outro perde. Chamamos a isso de *administrar as metas atentando para o princípio dos interesses coincidentes*.

Vamos definir:

O princípio dos interesses coincidentes é um princípio do gerenciamento humano que diz que as pessoas só agem na mesma direção se os seus interessem coincidem. Portanto:

Interesses divergentes geram comportamento conflitante.

Interesses convergentes geram espírito de equipe, esforços focados, resultados muito melhores.

Agora, vamos pensar juntos: É fácil mudar regras do jogo? E mudam-se culturas consolidadas com facilidade?

Em absoluto, aí está coisa realmente difícil, observe-se quanto tempo demorou para que os países da União Europeia conseguissem abandonar seus nacionalismos e fundassem um mercado comum. Havia interesses coincidentes? Sem dúvida, mas miríades de pequenos hábitos enraizados, de ódios nacionais, de pequenos interesses contrariados estavam ali para perturbar. Demanda grande esforço de treinamento mudar as mentes. É necessária fina inteligência para criar novas regras que façam com que os interesses coincidam.

## Os banheiros sem dono

Eu estava em uma fábrica de artefatos, uma S.A. – não se pense que empresas grandes não têm problemas comezinhos –, quando os diretores me apresentaram uma questão curiosa: os banheiros. A empresa gastava muito com limpeza e material para os sanitários; os operários levavam papel para casa, era evidente, pois o consumo era absurdo.

O pior, no entanto, era a higiene. O uso descuidado causava mau cheiro e, para a direção, era claro que tudo se devia ao baixo nível cultural dos operários, da manufatura.

Passamos a fazer entrevistas com grupos de funcionários. Perguntei-lhes se estavam satisfeitos com os banheiros e a resposta foi uma chuva de reclamações. Aquilo era um horror! Perguntei:

– Mas, afinal de contas, quem suja os sanitários?

Responderam que eram os colegas. Contaram-me que, no ano anterior, um supervisor subira em uma mesa no chão de fábrica, chamara a todos de porcos, que não mereciam ter vasos para as suas necessidades. Que deviam, em lugar disso, fazê-las nas moitas, nas macegas. Na mesma tarde, a resposta: os banheiros apareceram com fezes ao lado dos vasos, e as coitadas das faxineiras é que tiveram a punição: limpá-los.

Disse eu:

– Vocês têm alguma sugestão?

Ninguém tinha. Faxineiras de plantão ao longo de toda a bateria de banheiros também era uma providência inviável. O objetivo da fábrica não era gastar mais. Pedi ao grupo que pensasse e discutisse. Reunimo-nos alguns dias mais tarde. Uma costureira tomou a palavra:

– Olhe, pensamos, pensamos, e não sabemos o que fazer. Por que o senhor não dá um banheiro só para nós, as costureiras?

Respondi:

– Não vejo problema! Separamos um banheiro da bateria, dou para vocês tudo o que quiserem, desde que de agora em diante sejam vocês a limpá-lo. Vocês topam?

– O que o senhor nos dá?

– Tudo o que tem no banheiro da direção: papel fino, assento de boa qualidade, desodorante...

– Queremos também um espelho, um estrado no chão, tinta para pintar e uma fechadura.

– Combinado.

Mandei montar um "kit reforma", as costureiras pintaram a porta e a parede. Fui ao piso da fábrica e entreguei a chave à chefe do setor. Dois dias depois, ela veio queixar-se: haviam chutado a porta e as estavam chamando de faxineiras. Disse-lhes para esperarem um pouco, afinal elas eram privilegiadas em relação aos outros empregados, que não haviam ainda conseguido um banheiro só para eles.

Na mesma tarde, sentado à frente de outro grupo, ouvi a pergunta:

– Por que as costureiras têm um banheiro especial?

– Porque elas pediram e se propuseram a conservá-lo sempre limpo.

– Só isso? E nós também podemos ter um?

– Claro, vocês querem? Mando entregar um kit de reforma e vocês ficam com uma cabine privativa. Quando precisar, a pessoa pega a chave e limpa depois de usar. Todo mundo sempre saberá quem foi o último a ir.

– Nós queremos!

E assim, como num passe de mágica, os banheiros, um a um, foram sendo reformados pelos próprios usuários. As dependências antes mal cuidadas deixaram de ser os sanitários da fábrica – passaram a ser, cada um, "o nosso banheiro". Ouvi uma operária dizer:

– Dá até gosto ir ao nosso!

O que havia mudado? A percepção de propriedade, as regras do jogo. Não era mais "Eu sujo, eles que limpem". Ou: "Eles me exploram, por que eu vou cuidar?". Agora, o jogo passou a ser: "Quem tem o melhor e mais bem cuidado banheiro"; "Este é o nosso"; "Todos sabem quem usou por último, e o grupo não é tão grande assim". A pressão social substituiu a autoridade. E eram os mesmos que haviam reagido ao supervisor desastrado que os insultara.

Esse episódio revela o seguinte:

> Cada vez que alguém quiser estabelecer uma meta, é preciso fazer algumas perguntas. O interesse da empresa é exatamente igual ao comportamento que tenho incentivado? Outros departamentos da empresa têm metas que entram em conflito com esta que estou criando? Ou vou criar comportamentos de exércitos em guerra, em que um ganha quando o outro perde?

Se fizer assim, criarei forças destruidoras e conflitos internos infindáveis. E não adianta imaginar que são os funcionários que não pensam no bem último da empresa. Na verdade, são os criadores das regras conflituosas os responsáveis pelo comportamento predatório. O cuidado com o princípio dos interesses coincidentes é uma arte administrativa que requer atenção e discernimento. Uma investigação junto aos próprios envolvidos no jogo ajudará a evitar esse tipo de erro. Precisa-se descobrir que comportamento as regras estão encorajando. Praticamente toda conduta, de qualquer profissional, poderá ser alterada, se este princípio for usado.

Pense agora comigo: haverá algo mais precioso que a própria vida, para um ser humano? E, então, que espécie de estímulo é usada para fazer com que homens a ponham em jogo? Como se levam soldados a arriscarem suas vidas na guerra? Se com o ambiente certo, com os argumentos bem encadeados, usando o espírito de solidariedade natural, consegue-se que os homens cometam o desatino de pegar em armas e atirar-se ao campo de batalha contra seus iguais, por que então não é possível direcionar toda a conduta para o bem?

Consegue-se que se arrisque a própria vida incutindo-se no soldado noções como o amor pela Pátria, o zelo pela corporação, ideias que são puras abstrações. Não há compensações financeiras, apenas morais. Apelos à defesa da própria casa são ainda mais fortes e os exércitos de defesa costumam mostrar isto.[2]

Mas o trabalho também pode se beneficiar da dedicação do ser humano àquilo em que ele acredita, tanto melhor se a empresa souber agir com honestidade, todo o tempo dividindo os benefícios. Em suma, atentar para o princípio dos interesses coincidentes e jamais trapacear em sua ação.

Basta compreender bem como funciona a mente humana. Vamos, então, ver como se faz isso em um departamento comercial.

# CAPÍTULO 2

# OS SISTEMAS DE REMUNERAÇÃO QUE FALHAM

Com o tempo, acabei me convencendo. Nada pior que o sistema puro de comissões. Sim, parece ótimo como forma de incentivo. Aliás, se estivermos falando de equipe de vendas, dá, sim, para fazer pior. Basta transformar todo mundo em funcionário público: salário fixo, nada de reconhecimento, castigo para quem se esforçar.

E alguém faz essa loucura? Faz, sim. Já me deparei com esse tipo de criatura em ação, inclusive em grandes corporações.

Vamos ver, primeiro, como funciona um sistema de fixos. Parece bobagem, mas países inteiros já o adotaram. Comunidades nacionais, na verdade, como, por exemplo, todas as nações da Cortina de Ferro.

## A utopia socialista

Foi uma beleza, no começo. Justiça social: somos todos iguais, de cada um segundo suas possibilidades, a cada um segundo suas necessidades... Então, os participantes começaram a perceber as regras do jogo. Quem se esforçava mais ganhava a mesma coisa. Posição boa era trabalho político. Estabilidade no emprego era obrigação do Estado. Competição, nem pensar. Disputa pelo mercado não tinha sentido. Fazer produtos melhores ou de forma mais econômica, para quê? No pequeno mundo em que cada um estava vivendo, o que importava era trabalhar o mínimo para não se desgastar. Colocar  no bolso a remuneração que era igual para todos e levar uma vida rotineira, sem sobressaltos.

Um sistema de pagamento fixo ignora o mais fundamental incentivo disponível, iguala todos em uma mediocridade cinza. Quando é empregado em um departamento comercial, os efeitos são os mesmos obtidos na Rússia. Um povo inteiro não sabe mais como agir em um sistema competitivo. Em uma equipe comercial, um sistema de pagamentos à base de fixos, sem nenhuma parcela variável, não chega a ser tão dramático porque existe a possibilidade de perda de emprego, existe a vigilância de um chefe, existem metas a cumprir. Isso, porém, desestimula fortemente a equipe em seu conjunto.

## O Japão transplantado

Uma vez analisei uma empresa que, influenciada pela onda cultural japonesa do final da década de 1980, havia concluído que seus vendedores de contas maiores deveriam ganhar sob forma fixa. Que seus homens de venda tinham de vestir a camisa da empresa em lugar da própria pele. Vendo o que sucedia no Japão, acreditaram que bastava transplantar esse método e seus funcionários, devidamente doutrinados, se comportariam como nipônicos. Esqueceram-se de  algumas coisas fundamentais: *Precisavam alterar também as demais regras do jogo.*

Os habitantes daquela ilha asiática haviam criado um sistema diferente, com seis fatores. Funcionava assim:

1. Se você entrar em uma grande empresa, lá permanecerá até a aposentadoria.

2. Você será promovido por antiguidade, mas estaremos atentos ao mérito, uma vez que temos um funil para os cargos superiores.

3. Só as promoções garantirão aumento de renda.

4. Prestígio é importantíssimo em uma organização da qual não se vai sair nunca.

5. Se você se comportar tão mal que teremos de dispensá-lo, sua desgraça social será imensa, não conseguirá outro emprego semelhante e sua família compartilhará essa vergonha.

6. Se a empresa for bem, pagaremos salários extras a você, que significarão muito em sua renda, e seus colegas estarão atentos porque os salários adicionais deles dependem do seu esforço.

O último item deixa claro que não se falava de salários fixos, mas de salários variáveis para todos os níveis da organização. Parece pouco? Não, não é? Pois foi com essas regras e mais uma doutrinação religiosa, que incluía hino da empresa todo dia de manhã e reuniões de grupos de trabalho, que o Japão deu o seu salto.

Agora, volte aos parágrafos anteriores e me diga: quais dessas regras são válidas em uma corporação brasileira? Pois os nossos amigos acharam que, se no Japão comissões ou prêmios podem ser abolidos, aqui também deveríamos fazer o mesmo. O resultado foi uma desmotivação monumental.

Funcionaria com brasileiros? Seguramente. Era apenas uma questão de fazer funcionar todo o sistema japonês, porque fazer funcionar só uma parte, no fundo, significa um mero desejo de reduzir custos.

Não podemos dizer que tudo se deva a uma cultura especial, ou que os japoneses são diferentes. Não, são seres humanos sujeitos às mesmas condições. Os brasileiros transplantados para lá trabalham como japoneses. Os japoneses que vêm para cá aprendem velozmente como funciona o ambiente, e por várias vezes assisti a essa transformação – em seis meses, tínhamos um brasileiro típico, mas de olhos puxados e falando mal o português.

O ambiente é mais determinante na conduta do que qualquer outra coisa. Se você tem dúvidas sobre isso, vá visitar um quartel e tente acompanhar, durante dois meses, o chamado treinamento básico, a transformação de um grupo de jovens em soldados, tão condicionados que são facilmente intercambiáveis.

E agora? Bombardeado o sistema de fixos, vamos examinar as comissões. Para uma demonstração pura e simples, vamos imaginar como ele se desenvolve.

# O problema das comissões lineares

Um empresário cria um pequeno jornal em uma cidade do interior e as coisas começam a ir bem. Passado algum tempo, ocorre-lhe que, se tivesse alguém angariando anúncios, sua receita aumentaria. Encontra um conhecido que procura trabalho e lhe propõe:

– Você não quer vender meus anúncios? Pago 15% de comissão sobre o faturamento.

– Boa ideia! E quem seriam os meus clientes?

– Todo mundo que ainda não anuncia no jornal.

Nesse momento, o empresário faz o primeiro raciocínio: Por que dar a ele as receitas que já estão entrando? Ele mesmo, o dono, cuida disso e não precisa pagar comissão para ninguém.

O corretor publicitário sai pela cidade e pega o "filé" dos clientes possíveis. Sua renda aumenta e a do jornal também. O diretor imagina que, se tivesse mais corretores, faturaria mais ainda. Trata de consegui-los. Mas nosso amigo, que chegou antes, reivindica a reserva dos clientes que já conquistou. Muito lógico, direito adquirido. E assim sucessivamente, os que chegam depois vão ficando com o restolho dos clientes. O último a chegar não consegue faturar quase nada, enquanto o primeiro vive como um príncipe, sem esforço, apenas na administração das verbas que entram de seus grandes clientes cativos.

Nesse dia, o dono do jornal faz as contas e descobre que sua equipe a 15% é caríssima para uma empresa do porte da sua. Mas como demolir o sistema? E o medo de perder o melhor vendedor? (Não é mais ele o responsável pelo faturamento dos grandes clientes, é o jornal, com seu poder de penetração, mas sua importância – "eu sou um grande profissional, os clientes compram de mim" – de tão alardeada, parece uma verdade indiscutível!)

Está criado um grande problema. O que no início parece bom, o baixo risco da comissão ("se ele não produzir, não ganha..."), que é verdadeiro, transforma-se, com o crescimento, em uma armadilha asfixiante.

Transformar o sistema demanda uma estratégia com várias sutilezas. Mais delicada ainda porque os gerentes não sabem pensar de forma diferente. Uma remuneração correta exige melhores esforços gerenciais, não basta mandar todo mundo para a rua e dizer: "Bem, quem não se esforça não ganha".

A falta de teto nas remunerações por comissões puras é mais um problema. Temos um caso antológico em uma rede de televisão brasileira, que contratou um executivo com uma comissão de 1% sobre o faturamento publicitário. Ele foi muito competente, implantou a novela das oito e o *Jornal Nacional*. Seu nome, Walter Clark; seu contratante, o jornalista Roberto Marinho.

Formada a Rede Globo e transformado o canal do Rio em uma potência respeitável, a retirada do Sr. Clark passou do milhão de dólares. O negócio tinha de acabar um dia.

Houvesse o Sr. Clark sido contratado com uma remuneração fixa e uma premiação por metas anualmente estabelecidas, pelo menos o aspecto financeiro não seria um dos motivos de rescisão contratual. Mas depois que você estabeleceu uma regra de jogo, não queira mudá-la no meio do caminho, pois o prejudicado se revoltará. Quanto a isto, tive uma experiência pessoal curiosa.

Foi o meu primeiro trabalho como consultor. O dono de uma empresa de consórcios me procurou para comentar que não conseguia resolver seu problema de gerenciamento de vendas. Vendia 20 veículos por mês. Disse-lhe que não me lembrava de ninguém para indicar, mas, como tinha negócio próprio, podia dedicar algumas horas para ajudá-lo se chegássemos a um acordo. Chegamos: 0,45% sobre o aumento de seu faturamento. Somente oito dos seus vinte e oito vendedores passaram pelo meu crivo. O gerente se foi, em cima da equipe retreinada admiti cem homens. Em cinco meses, ele estava vendendo quatrocentos veículos por mês e era o líder em seu Estado, com 2000% de crescimento.

Mas tínhamos um problema: meu cheque passou a incomodar. Tinha lógica, era mais do que eu valia no mercado com 30 anos de idade. Levava para casa o equivalente a um carro novo por mês.

Mesmo assim, a conversa para reduzir minha comissão pareceu-me uma falta de consideração muito grande – afinal, eu tinha consciência que o estava fazendo rico! E no primeiro mês, eu não havia investido? Tivemos uma áspera conversa final, ele pagou a multa contratual, mas eu saí contrariado, tinha me empenhado, virara a mesa, a empresa tinha dado um salto e, em menos de um ano, eu estava fora pela simples razão de que ganhava demais.

Com o tempo percebi que nossos interesses não mais coincidiam – eu havia me tornado um Clark em ponto pequeno e tinha de ser substituído por alguém mais em conta. As regras iniciais do jogo tinham sido muito mal estabelecidas.

Nunca comece com comissões puras – a pena é, um dia, ter de destruir tudo porque seus custos o deixaram menos competitivo.

É sempre bom considerar que absolutamente todos os funcionários, em todas as funções, deveriam ter salários variáveis. Tudo depende de haver como quantificar adequadamente seu desempenho e influência nos resultados.

Que fique claro: *Resultados não precisam ser sempre números financeiros.* Outros valores quantificáveis podem ser usados. Até índices de satisfação dos clientes. Apenas devem expressar o rumo que a empresa quer tomar e ser, evidentemente, passíveis de mensuração confiável.

Não se trata de justiça social, trata-se unicamente de aumentar a rentabilidade do trabalho. O desafio é criar regras adequadas. Os sistemas atuais de participação nos lucros são, em geral, muito falhos porque partiram de premissas político-sociais em lugar de cogitarem a natureza humana.

E então? Se fixos são errados porque ignoram o poder de incentivar através do resultado do próprio trabalho, se comissões puras e lineares criam sérios problemas no futuro, qual deveria ser a política correta de remuneração?

Os sistemas de pagamento devem considerar três pequenos segredos:

1. A natureza humana – e como ela reage aos estímulos.

2. A rentabilidade, ou seja, obter o máximo de desempenho com o mínimo de recursos.

3. Evitar problemas futuros de descontentamento ou de perda de controle.

Assim, conscientes de que não podemos usar pagamentos fixos para todos indistintamente nem comissões lineares e sem limite, estamos prontos para abordar um sistema mais flexível e que compatibilize os interesses das empresas com os dos trabalhadores.

# CAPÍTULO 3

# UM MODELO DE SISTEMA CORRETO

A primeira coisa a considerar é o padrão de contratação. No diagnóstico de uma grande empresa nacional, percebi que o padrão salarial era bom, mas que o nível dos funcionários era baixo.

Ora, o que sucedia era que a contratação de vendedores baseava-se em um salário próximo ao mínimo. Mas as comissões e o poderio da marca permitiam que o contratado ascendesse imediatamente ao padrão de remuneração de um graduado em universidade. O resultado final é que a empresa dispunha de uma equipe admitida como se a exigência fosse de primeiro grau, enquanto pagava salários correspondentes a um nível superior.

O ponto crítico é visível. Para contorná-lo, seria o caso de a empresa estabelecer um fixo de padrão suficiente e deslocar o nível de exigência na admissão para o que ela realmente desejava. Como é que se vai contar com funcionários aptos a operarem com *laptops* se, na admissão, foi utilizado um modelo para trabalhadores braçais?

Em um caso assim, deve-se mudar para um modelo de contratação com fixos, modelo que deve responder aos seguintes quesitos:

1. Qual o fixo que preciso pagar a fim de obter o perfil que desejo no mercado onde estou atuando? (É bom lembrar que uma corporação com atuação nacional não precisa pagar o mesmo fixo. Em qualquer hipótese de terceirização, é de bom alvitre exigir que o terceirizado adote um modelo assim. Se isso não for feito, ele será ineficiente, e sua ineficiência contaminará as operações da terceirizadora, diminuindo sua lucratividade em todo o território.)

2. Qual o custo de vendas que minha empresa suporta?

3. Quanto é a parcela variável que pretendo estabelecer? (Porque ela pode ser subtraída, em sua média, do valor de contratação, já que integra o salário.)

O segundo ponto é o âmbito da tarefa. Ele determina o custo-benefício da ação de trabalho empreendida. Tanto menor o potencial do qual o homem está encarregado, mais alto o custo.

Todavia, há um ponto ótimo. Tive a experiência de examinar o caso em que uma consultoria, de fama internacional, estabeleceu que um vendedor faria de 40 a 60 visitas em um dia de trabalho. Magnífica produtividade! Pior que isso, a empresa aceitou a ideia. Não é preciso refletir muito para saber que ninguém cumpriria uma meta tão elevada. Mas o mecanismo de vendas tratou de fazer o que podia e o que não conseguia visitar deixava de lado. Resultado: muitos clientes ficaram abandonados. Quando fizemos as verificações de campo, a verdade apareceu.

Isto me faz lembrar um dos grandes problemas das consultorias teóricas. Tomam-se decisões em gabinetes com a aprovação de executivos do cliente. Nenhum dos dois sai realmente a campo para ver as coisas acontecendo. Belos projetos de laboratório são encaminhados à prática sem que alguém observe se são viáveis ou não. É muito fácil fazer relatórios encadernados, repetir lições de MBA.[3] *O difícil é implantar, fazer funcionar.* Neste quesito é que mais se falha. Deveria ser exigido que os planejadores descessem até o campo de trabalho e fizessem com que os gráficos apresentassem os resultados.

Há, também, os que subestimam as dificuldades de implantação. Eles acreditam que, se a ideia foi explicada e entendida, qualquer um pode fazê-la funcionar. Ignoram que é mais difícil fazer uma mudança cultural do que alterar planilhas e métodos dentro de um departamento burocrático. Pensam, então, em economia em primeiro lugar, esquecem-se de que os resultados finais são muito mais importantes que poupar dinheiro em uma implantação resumida ou improvisada. Assim, entregam a tarefa, justamente a parte mais difícil, a mudança cultural, a um funcionário subalterno. É evidente que os resultados serão deficientes.

Após essa digressão, voltemos ao âmbito da tarefa. Um trabalho, então, precisa ser especificado dentro das possibilidades reais de execução. Necessita ter uma produção tal que justifique o gasto projetado. Não pode também exceder o custo projetado e comprometer a lucratividade e competitividade do empreendimento.

A terceira questão: como estimular o desempenho que desejo? Voltamos aqui ao foco principal de nosso livro, os interesses coincidentes.

> Se desejamos estimular um determinado comportamento, precisamos que todo o sistema de remuneração premie a conduta desejada e, ainda, desestimule a conduta que queremos evitar.

Nada melhor que um bom exemplo.

## Um caso de divergência de interesses

Em uma grande indústria, foi criado, pela logística, um modelo econômico de entrega. Ele partia do princípio de que um lote único – digamos, de cem caixas de mercadoria –, saindo diretamente da fábrica e destinado a um varejista, evitaria que fosse descarregado em um depósito de filial. Se descarregado, manipulado novamente e reembarcado, seriam acrescentados custos de operação e de armazenagem. A entrega direta, ou com um único transbordo na doca, sem adentrar o estoque, significava poder cobrar um preço menor do varejista.

O conceito era do interesse de todos. Entretanto, alguém teve a ideia de reduzir também os custos de venda. Assim, a comissão foi reduzida para 1/3 do normal sobre essas operações. Ocorreu que o pessoal de vendas, embora treinado e incentivado verbalmente, passou imediatamente a evitar qualquer negócio desse tipo. Predominou a noção de que, se o pessoal vendesse parcelado, passando pelo estoque e cobrando mais do cliente, ganharia três vezes mais. Como diria um deles:

– Por que vou trabalhar contra mim mesmo? Minha família espera em casa pelo dinheiro que eu ganho.

Acontece que o criador da regra de remuneração para a venda direta esqueceu-se do princípio dos interesses coincidentes. Ele criou um sistema sob medida para desestimular a venda que a logística havia concebido. Estava tudo certo, menos a regra de pagamento para os responsáveis por fazerem com que os negócios tivessem êxito.

Qual foi a solução? Um sistema de pagamento à base de fixos e uma parte variável, correspondente a 20% do total, a ser paga a partir de um sistema de pontos com base no faturamento e outros índices. No mesmo instante, fazer vendas diretas passou a ser um bom negócio para o vendedor. Poderia realizar uma venda maior com preço mais competitivo. Não era mais castigado por optar por essa modalidade de negócio, com uma comissão três vezes menor. Pelo contrário, podia ser premiado, porque o gerente detinha certa flexibilidade para destinar mais pontos para uma ação que quisesse incentivar. O volume de vendas diretas começou a subir como um foguete.

Vou repetir:

> Atente para o princípio dos interesses coincidentes. Remuneração é o primeiro e o mais básico dos estímulos. Pode-se estabelecer um sistema de premiação por desempenho baseado em comissões, desde que ele só ocorra após o teto de um fixo.

Funcionaria muito bem no caso dos corretores de anúncios, chamados em geral nas empresas de comunicação de contatos publicitários. Porém, uma vez que é grande a elasticidade de uma região de trabalho designada para um contato publicitário, é essencial dar a cada área uma meta a ser cumprida. A meta serve como correspondência do fixo.

A empresa considera que a *meta* da região é o *normal* a ser atingido, *prêmio* é para aquele que *faz mais* do que se esperaria normalmente. Superada a meta, a comissão, que então deve ser chamada de prêmio para não confundir os conceitos, começa a incidir sobre o faturamento. Dessa maneira, todos os meses, o homem de vendas sabe que precisa correr para superar a meta e começar a fazer jus aos prêmios de produção.

Distorções são facilmente corrigidas com a atribuição de metas diferentes entre as regiões, que podem se basear no histórico de seus desempenhos e outros critérios semelhantes. Surge aí o grande problema do estabelecimento

de metas justas, que merecerá um capítulo à parte, tão grande é a dificuldade dos gerenciadores em atribuir metas com justiça.

Vale à pena perguntar se esse tipo de estímulo a partir de fixos, metas e prêmios é passível de ser empregado em outras funções. Sem dúvida! Estamos

tratando com mais cuidado dos departamentos comerciais porque eles são víti-
mas de distorções mais graves, mas todos os cargos em uma empresa podem se
beneficiar de salários e parcelas variáveis. Aqui, daremos mais um exemplo.

## Informação contínua

Em uma grande siderúrgica, administradores especialmente criativos
partiram para uma experiência desse tipo. Acoplaram às máquinas disposi-
tivos que medem os resultados de produtividade, para que todos pudessem
acompanhar seus desempenhos. Estabeleceram metas negociadas com os
operários, do tipo: *Se atingirmos a meta de produção X, toda a equipe envolvida
ganha um acréscimo de Y na folha de pagamento.*

Trata-se de planta fabril com milhares de trabalhadores. Os efeitos: grupos de operários passaram a ser os verdadeiros gestores da produção. O volume de quebras de equipamentos caiu verticalmente. Os mecânicos aceitaram
ser operadores porque anteriormente, quando uma máquina parava, o operador ia descansar enquanto a manutenção era chamada. Se todos, agora, ga-
nhavam com a produtividade, os interesses mudaram: *parar deixou de ser um
prêmio de descanso tornou-se um castigo pela perda do prêmio de produtividade.*

Os supervisores deixaram de ser necessários; os operários, trabalhando
dentro do princípio de interesses coincidentes, passaram a autogerir-se melhor  do que  no sistema de supervisão. Qualquer um que prejudicasse a
equipe poderia ser alijado pelos companheiros, ou seja, os funcionários passaram a ter o poder de solicitar a demissão de um mau trabalhador, quando
este ameaçava o prêmio de todos.

A produtividade subiu a níveis antes considerados inatingíveis. O fornece-
dor italiano de uma laminadora afirmou que sua máquina não poderia atingir
aquela performance; vieram, então, observar as operações. Compreenderam
que os operários, de detalhe em detalhe, haviam descoberto novas formas de
aumentar a produtividade. Em lugar de mandarem a matéria-prima para o
estoque e depois usá-la já fria, colocavam as bobinas ainda quentes para
laminar, com ganho de velocidade e economia de energia. O interesse dos
funcionários permitiu que fosse abolido o cartão de ponto. O absenteísmo,
isto é, o índice de faltas no trabalho, desabou. Hoje, essa empresa paga 4,2
salários extras por ano sob a forma de variável para todo o quadro... e é uma
das mais competitivas do mundo.

Tudo isso porque o princípio dos interesses coincidentes foi usado. A remuneração é um processo poderoso. Mas deixei de citar várias consequências do

caso acima. A resistência dos quadros intermediários de gerência é poderosa – neste exemplo, 70% do escalão intermediário foi trocado ou eliminado.

A tendência é ver alterações desse tipo como retirada do poder gerencial. Como não conseguem se adaptar a uma mudança tão radical, não há opção. Os que permanecem o fazem por terem compreendido que uma administração baseada no princípio dos interesses coincidentes abdica do conceito de autoridade em favor da cooperação, do espírito de equipe, da compreensão do funcionamento da mente humana.

Vimos, assim, como um sistema baseado no trinômio:

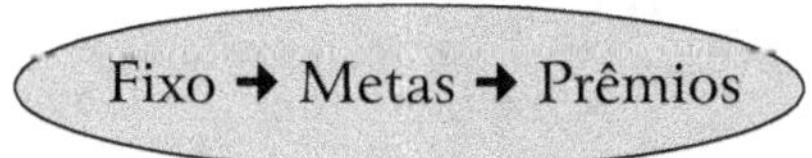


soluciona a maioria dos problemas de remuneração em todos os níveis.

Resta uma pergunta:

Como se estabelecem metas para diferentes regiões de trabalho, que executem tarefas diversas, e como se mantêm as pessoas estimuladas?

Isso é perfeitamente possível e, mesmo que dê trabalho, vale à pena. Vamos examinar a questão no próximo capítulo.

# CAPÍTULO 4

## METAS

Certa vez, fiz uma palestra para diretores de empresa, em uma estação termal, em Santo Amaro da Imperatriz, no Estado de Santa Catarina. O pessoal estava um pouco nervoso porque um novo plano econômico havia acabado de desabar sobre o país. Mas do que me lembro bem foi a dúvida manifestada por um participante:

– Olhe, não acredito que metas sirvam de estímulo!

Parei de falar por uns momentos. Quando alguém na plateia manifesta uma dúvida, esta não é só dele. Achei melhor mostrar com uma experiência como nós, seres humanos, operamos. Pedi a todos:

– Antes de responder, vamos todos pegar um pedaço de papel e uma caneta.

Enquanto todos se aprestavam, fui ao quadro e fiz umas linhas assim:

/////////////////

– Agora vou marcar 20 segundos para vocês repetirem essas linhas aí no papel.

Decorrido o tempo, pedi a todos que contassem quantos riscos haviam feito. Foram, em média, uns 40, como revelou a amostragem.

– Bem, escrevam aí ao lado quantos traços vocês fizeram. E, agora, me digam: dá para fazer mais? Se é possível, escrevam abaixo quantos riscos vocês se propõem a fazer em 20 segundos. Prontos?

Contados, verificamos que a média havia subido para aproximadamente 80 traços.

– Gente, tem alguém aqui nesta plateia que é o melhor, o mais hábil com a caneta, o mais criativo em achar novas maneiras de trabalhar. Para ele, vou dar 20 reais que estou tirando do bolso e que estão aqui, à vista, presos no quadro. Prontos?

As cabeças se abaixaram, sorrisos de desafio apareceram e algumas piadas amenizaram a súbita tensão que se criara. Contados os traços, chamei à frente o campeão, com 123 riscos traçados, para receber o prêmio e as palmas de todos. Quando os comentários cessaram, expliquei:

– Na primeira fase, todos trabalharam como em geral se faz em qualquer lugar. Diz-se ao funcionário qual é a sua tarefa e ele trata de executar. Na segunda vez, vocês estabeleceram metas e, na terceira, havia prêmios e competição envolvidos. Deveríamos nos perguntar: por que trabalhamos por tarefa e nos esquecemos de como os seres humanos reagem a metas e prêmios. Olhem seus papéis e vejam a diferença de produtividade. Alguém ainda acha que metas não funcionam?

Espero que, depois desta pequena história, nenhum dos meus leitores tenha a menor dúvida. Pelo menos na assistência ninguém tinha. É verdadeiramente incrível que tanto potencial humano seja desperdiçado. Mas, para termos metas funcionando bem, precisamos de pelo menos três requisitos:

1. Credibilidade.
2. Factibilidade.
3. Controle.

A *credibilidade* é construída por um embasamento correto de dados. Aquele que recebe uma meta não pode ter a sensação de que ela lhe foi empurrada garganta abaixo. O melhor tipo de meta é o obtido quando o seu estabelecimento é negociado, quando a empresa diz: precisamos chegar a tanto, dá para alcançar? De que meios vocês necessitam para chegar lá?

Esses números normalmente podem ser obtidos através de médias históricas ou avaliações de potencial de mercado. A crítica sobre esses valores deve ser acurada, porque frequentemente condições de mercado se alteram e variações gregorianas (dias, meses, anos) influenciam.

O pior erro é a empresa acreditar que, pelo simples fato de atribuir uma meta, ela será atingida ou confundir meta com orçamento. Nada mais falso do que acreditar que "salgar" as metas, isto é, aumentá-las ambiciosamente, vai melhorar o desempenho dos funcionários. O desejo dos dirigentes não produz os resultados. O que desencadeia esses resultados são a confiança e o entusiasmo de uma equipe.

A *factibilidade* é, principalmente, a sensação dos executantes de que ela é factível. Para isto, pode ser necessário um trabalho de convencimento, mas melhor ainda é quando os funcionários entendem as novas regras do jogo e nelas se engajam.

No entanto, haverá gestores de meta muito obtusos, que não creem, na verdade, no potencial de seus trabalhadores. O que eles fazem é apertar as metas constantemente, baixá-las a partir de seus gabinetes, sem negociação com os interessados. Pior de tudo, dão a todos a impressão de que seu objetivo é economizar dinheiro não pagando os prêmios.

Os que agem assim são os destruidores do sistema. Querem, no fundo, preservar sua autoridade e ficarão felizes se puderem provar que "seus funcionários não estão preparados para um sistema tão avançado".

Metas muito baixas não servem de incentivo algum. É como se, na demonstração inicial, eu tivesse dito aos assistentes que a meta eram 45 riscos. Isso não demandaria esforço de ninguém. Agora, imaginem que eu houvesse estabelecido uma meta de 200 traços em 20 segundos para pagar prêmios. O resultado seria empenho zero, pois, afinal, essa era uma meta inalcançável. Por estarrecedor que pareça, esta última situação é uma das que tenho encontrado com mais frequência. Invariavelmente, ela provém do delírio de gestores que não compreenderam como se faz para incentivar pessoas por meio de metas.

A respeito da factibilidade, existe um ponto interessante. Metas a princípio inviáveis podem vir a ser alcançadas, basta que se mudem os processos. É como perguntar: pode-se trocar um pneu de carro em seis segundos? De um carro comum não, mas os pneus na Fórmula 1 eram presos normalmente, até que o desafio (leia-se meta) de fazê-lo em segundos foi proposto. Era uma questão de alterar os métodos.

Temos no Brasil uma vantagem interessante: a baixa resistência à inovação. Os brasileiros aceitam testar métodos novos com facilidade. Quem resiste? Escalões intermediários, porque os veem como ameaçadores. Aí cabe o método da reforma cultural: trata-se de criar regras do jogo tais que os resistentes identifiquem vantagens na mudança. Transformar seus interesses em interesses coincidentes com os da empresa.

E o controle? Não se fala aqui de controlar os empregados, pelo contrário, fala-se de colocar à disposição de todos os dados que instruem as metas. Dar ao operador da máquina, minuto a minuto, acesso ao desempenho que ele está alcançando. Assim, todos poderão saber quem é o melhor produtor nesse chão de fábrica. Isso estabelece a competitividade. Nas organizações comerciais, essas informações têm de ser diárias e públicas. Ver o seu nome e seu resultado pessoal em relação à sua meta, saber que todos estão vendo, tem um efeito peculiar sobre a psique humana. A pressão do grupo é mais forte que a da chefia.

É constrangedor ver gerentes que não compreenderam ainda essa ideia. Temem tornar transparentes os dados de todos. No fundo, talvez temam ter de agir, visto que um quadro de desempenho expõe as providências que ele deixou de tomar. Mérito é outra consequência importante, pois o subjetivismo das promoções pode ser mais facilmente contestado se os resultados pessoais estão sempre expostos.

## O gestor de metas

Há um personagem extremamente importante dentro de uma organização que lida com metas. É o que chamaremos de *gestor de metas*. Pode ser uma tarefa de direção aprovar as metas, mas sua elaboração é um encargo de gerência. Os dados vêm da administração e a negociação é uma tarefa conjunta, assim, quanto mais abrangente, mais aumenta o comprometimento coletivo.

Vamos então definir como deve funcionar uma gestão típica em um departamento comercial.

Quem é o gestor de metas? É um gerente que, dispondo do instrumento gerencial de remuneração variável, atribui metas aos subordinados concedendo prêmios pela sua consecução.

Quem ratifica suas decisões? Um superior (diretor, gerente regional) verifica se a proposta do gestor está condizente com os objetivos que pretende atingir e se é coerente com as regras adotadas pela empresa.

Quais são as regras básicas? Elas são:

a) As metas são obtidas por consenso e comunicadas antes do período em que serão praticadas. Vale ressaltar, metas têm de estar prontas antes do início do período que objetivam.

b) Após sua atribuição, os critérios de metas ou prêmios não podem ser alterados. Qualquer atitude desse tipo cria o precedente de mudar as regras depois de o jogo ter começado.

c) Metas não podem ser fáceis nem difíceis, devem parecer aos desafiados como passíveis de ser atingidas e superadas com algum esforço. Este é o ponto mais delicado da gestão de prêmios.

Embora pareça fácil, a tarefa de atribuir metas é extremamente delicada, já que o gestor deve manter sua equipe no ponto máximo de motivação. Para isto, ele precisa abstrair-se de qualquer consideração acerca de suas metas pessoais (essencialmente, o orçamento que a empresa lhe impôs) e pensar exclusivamente em termos de estímulo.

Aqui, cabe dizer que, se a organização fizesse orçamentos teoricamente perfeitos, eles mesmos serviriam como metas. Bastaria, para tanto, que os prêmios começassem a ser pagos quando as metas fossem alcançadas. Sucede, porém, que os orçamentos não podem considerar as alterações constantes que o mercado vai impor ao bom estabelecimento de metas. Estas precisarão de ajustes a cada período dado. Nada impede que o sucesso obtido faça com que as metas justas sejam superiores ao orçamento projetado no início do ano.

Às vezes, pressionado pelo seu objetivo, o gestor tende a puxar as metas para cima, crendo que isso fará com que sejam atingidas. Não é verdade, em absoluto: qualquer movimento das metas que pareça torná-las demasiado difíceis fará com que baixe o nível de motivação. Assim, em vez de provocar um aumento, teremos uma diminuição da produtividade.

Como consequência, encontraremos equipes que desanimam porque perderam a confiança em seus gestores. Elas acreditam que, se sua produção subir, todos serão punidos com metas acachapantes, e, desta forma, o melhor é não provocar tal reação das chefias.

Os subordinados precisam desenvolver a confiança de que seus líderes querem, e muito, pagar-lhes bons prêmios, que são generosos e bons motivadores. Por essa razão, o tipo de líder necessário para gerir metas–prêmio é o oposto do chefe autoritário e insensível. Trata-se de um entusiasmado, com pendores participativos, bom ouvinte e cheio de empatia em relação ao ânimo de seus liderados.

Vemos, portanto, que a arte de gerir é manter as metas em um nível tal que provoque uma excitação emocional máxima. Isto significa metas não tão baixas que sejam fáceis nem tão altas que desanimem. Para tanto, é preciso examinar cada item para verificar distorções e ajustá-las.

As metas pontuais e os prêmios semanais ou mesmo diários que podem ser criados têm o poder dos prazos exíguos. Eles desencadeiam uma motivação superior, pois criam uma excitação adicional. O gestor precisa valorizar esse seu poder de criar estímulos extras para manter a equipe em estado de ebulição.

Festejar cada resultado é essencial, cumprimentar publicamente cada bom resultado é saber gerenciar equipes. Os gestores, além disso, precisam ter íntimo contato com os elementos da equipe e periodicamente visitar, com estes, os clientes. A abstração do trabalho de campo pode transformar gestores de vendas em burocratas, a última coisa desejável em uma empresa vencedora.

CAPÍTULO 5

# A Curva de Gauss e a Excitação Máxima

Gauss[4] foi um maravilhoso matemático, o príncipe dos matemáticos da Europa em seu tempo. Ficou famosa a história do professor primário que mandou a turma somar todos os números de 1 até 100 e achou que podia descansar um pouco. O problema é que Gauss era um dos meninos e, em um minuto, tinha o resultado em mãos.

O professor não podia acreditar e perguntou:

– O que você fez?

Gauss explicou com simplicidade:

– Bem, professor, de 1 até 100 existem 50 pares de números com soma igual: 1 mais 100, 2 mais 99, até 50 mais 51, e a soma de qualquer destes pares é 101, assim sendo, 50 vezes 101...

E colocou a resposta sobre a mesa do professor estupefato. Boa história, não é? Ela demonstra com perfeição como uma mente inteligente e criativa é capaz de achar soluções brilhantes para não realizar trabalhos repetitivos. Tudo do que as empresas e países precisam para produzir mais, com menos esforço.

Pois foi Gauss quem, ao estudar problemas estatísticos, desenhou a famosa curva em forma de sino que leva seu nome. Ela demonstra a distribuição normal de eventos e se aplica naturalmente a um sistema de premiações.

Se tivermos um grupo de trabalhadores tentando atingir metas justas, um pequeno número ficará bem abaixo dos objetivos, a maior parte cumprirá as metas ou se aproximará delas e um terceiro grupo, limitado, as ultrapassará brilhantemente.

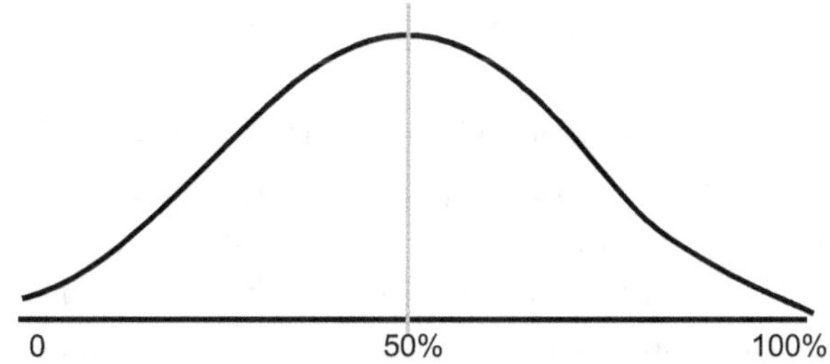


Distribuição em que as metas são justas.

Se as metas forem demasiado frouxas, a distribuição de prêmios se distorcerá. Os participantes obterão mais do que a média normal, concentrando-se na segunda parte da curva e onerando desnecessariamente um sistema de premiações.

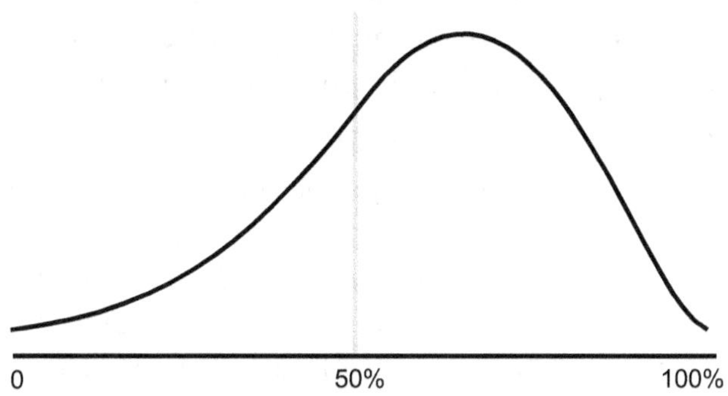


Distribuição com metas pouco exigentes.

Se as metas forem superestimadas – este é o erro mais comum –, o efeito será uma curva em que a maioria dos concorrentes não atinge a média de premiações. As incidências ficarão antes da metade da curva.

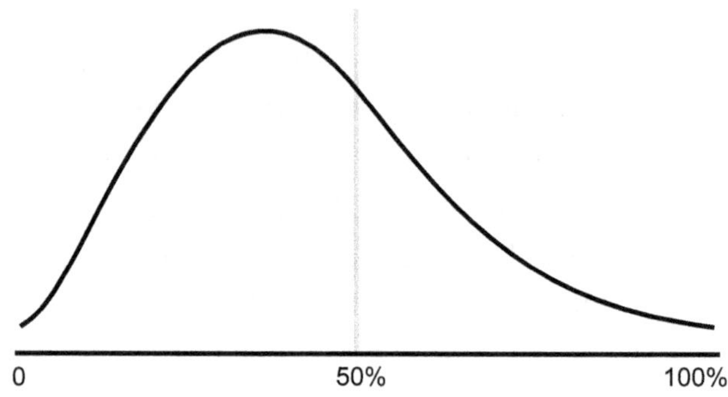

Distribuição com metas superestimadas.

O que nos interessa discutir são os efeitos de um sistema de premiação sobre a mente dos participantes. A primeira expectativa reinante, quando se anuncia um sistema de estímulo baseado em prêmios, é de otimismo permeado de dúvidas. Otimismo porque parece que, enfim, os melhores esforços serão reconhecidos. Dúvidas porque começam a surgir questionamentos a respeito da maneira pela qual as metas serão atribuídas. Há muitas razões para essa insegurança e, lamentavelmente, é comum que problemas venham a acontecer. Já falamos sobre eles: gestores que querem economizar em premiações, outros que creem que, aumentando as metas, vão forçar a equipe a atingi-las, e até empresas que se esquecem de pagar as premiações ou as atrasam.

A curva de Gauss é um ótimo método para avaliar a gestão de metas e prêmios. Por intermédio de gráficos podemos, a distância, avaliar se as equipes estão recebendo a média prevista de prêmios e se, portanto, os gerentes estão atribuindo metas corretas. Se qualquer distorção é verificada, ela pode ser investigada em seguida. Seria simplista dizer que o problema todo está solucionado aí.

Há numerosos outros fatores que podem influir e perturbar a obtenção das metas. Os preços podem ter sido aumentados além da capacidade de tolerância do mercado. Um concorrente poderoso pode ter surgido. Uma recessão pode ter se instalado. No entanto, qualquer fator instantaneamente se refletirá na curva de distribuição de prêmios, e isso exigirá providências. É importante ressaltar que a boa administração de incentivos inclui obrigatoriamente uma atribuição média de reconhecimentos.

# A busca da excitação máxima

A excitação máxima de uma equipe, mencionada acima, é o que os gestores devem buscar. O problema é que ela é tão delicada que está, a meu ver, no terreno da arte. Inclui muitas sutilezas comportamentais, percepção da moral e até do composto de personalidades de uma equipe. Apesar disso, podemos avaliar alguns pontos fundamentais.

A excitação máxima é obtida quando cada um dos participantes acredita na sua possibilidade de abocanhar seu prêmio individual. Seus interesses então se dirigem para um objetivo ególatra, o mais forte motivador que conhecemos. Justamente o que destruiu as utopias comunistas. Podemos temperá-lo com alvos comuns e idealistas: o grupo, o sucesso final da empresa, a glória da nação, a melhoria do mundo. E cada um desses alvos acrescentará algo à motivação final, dará justificativas éticas, senso de justiça.

Infelizmente, o objetivo pessoal sempre se sobrepõe a esses sentimentos. As exceções, como São Francisco de Assis, Buda, Madre Teresa de Calcutá, Gandhi, são admiradas, mas raramente seguidas.

Já que lidamos com seres normais, egoístas, que passam impávidos pelos famintos como se estes fossem invisíveis, só nos resta usar o que realmente funciona para motivá-los. Perspectivas de premiações rápidas, significativas, reconhecimento dentro do grupo, tudo com excelente acompanhamento dos resultados de cada pequena ação.

O ponto perfeito de estimulo é uma estreita faixa na atribuição da meta individual. Ela se localiza entre o valor que o empregado entende como fácil de atingir e aquele que ele identifica como difícil. Note-se, portanto, que é um problema de percepção. Um convencimento poderoso das possibilidades de se empurrar o resultado além da meta permite mudar o comportamento. Isto demonstra a razão de líderes poderosos serem capazes de projetar suas equipes para a frente. Eles conseguem, com discurso e exemplo adequados, melhorar a fé em suas possibilidades, em cada um dos seus seguidores. Essa fé muda o empenho, são homens – como diria Cocteau:[5] "não sabendo que era impossível, eles foram lá e fizeram" – capazes de mudar a percepção individual de seus liderados. Eles deslocam a faixa de excitação máxima para a frente.

## O presídio simulado

Outro ponto a ser ressaltado é a questão do espírito de corpo. Aquilo que distorce a percepção do policial em relação à sociedade que o cerca. Uma famosa experiência universitária americana, disponível em vídeo, foi organizada por um professor de psicologia. Universitários voluntários foram divididos em dois grupos: um de prisioneiros e outro de guardas. A experiência durou duas semanas. Colocados em uma prisão com três celas e uma solitária, os prisioneiros foram despidos e receberam camisolões. Os guardas, vestidos com uniformes e armados com cassetetes, usaram técnicas que eles mesmos improvisaram para submeter os sentenciados. Punições com flexões. Gritos. Ameaças com os cassetetes. Solitária a qualquer desafio à autoridade.

Dentro de algumas horas, os comportamentos haviam mudado radicalmente. Os guardas estavam unidos e viam os presos como inferiores. Estes se submeteram, com vagos protestos. Numa situação de clímax, os prisioneiros punidos com a retirada dos cobertores votaram pela permanência de um dos seus na solitária por mais um dia, desde que recebessem os cobertores de volta. A lealdade havia sido destruída também. Valia mais o conforto individual.

Embora este não seja um exemplo agradável de se imaginar, interessante para a nossa abordagem é o fato de que a formação do grupo é extremamente poderosa para influenciar o comportamento. O grupo dos prisioneiros "sentiu-se" como tal, mudou posturas corporais, abandonou seu código de ética. Os guardas fizeram o mesmo, tornaram-se autoritários, cruéis, a outra tribo era o inimigo a ser submetido e ponto final.

Uma experiência da série de TV *Candid Camera*,[6] o inovador programa de televisão que surpreende incautos filmando suas reações, mostra quatro atores que entram em um elevador onde está um passageiro solitário e, contrariamente ao que seria o usual, todos se voltam para o fundo. O passageiro fica intrigado, embaraçado, disfarça e aos poucos volta-se para o fundo também. Não estará ele sendo o João do passo certo? Ele tem de concordar com o grupo. Em treinamentos, é raro o participante que contraria a opinião geral e permanece firme. A normalidade é conformar-se com o pensamento da maioria, mesmo que isso contradiga os nossos olhos.

Ora, as empresas e países necessitam de pessoas desafiadoras. Capazes de criar. Para isto faz-se necessário encorajar a contestação das ideias estabelecidas. Afinal de contas o que é uma ideia medíocre? É a opinião da média. A genialidade é, por si mesma, uma operação solitária. Dado o imenso papel uniformizador dos grupos, eles tendem a afogar a inovação.

Mais ainda, os processos de distinção de diferentes classes de pessoas que usamos na maioria das empresas têm o prejudicial efeito de criar tribos de interesses divergentes. Fazemos tudo o que está descrito como necessário para dividir. Usamos uniformes diferentes. Separamos os refeitórios. Reservamos sanitários diferentes. Criamos vocabulário de tribo. Alguns grupos, por esquecerem o português, falam uma língua recheada de expressões inglesas, e isto muitas vezes é feito para marcar inconscientemente sua distinção tribal, sua superioridade. Até seu código de comunicação é incompreensível para o outro povo.

O efeito final é uma divisão tão profunda entre a tribo dos liderados e a dos dirigentes que um não pode mais compreender os objetivos do outro. Assim, as referências aos outros grupos são cheias de observações desairosas. Não se pode construir um espírito de corpo dessa forma. De que maneira então fazer coincidir os interesses?

Para atingirmos uma consciência de metas comuns, é preciso desmontar essas estruturas e comportamentos. Os símbolos das diferenças devem ser reduzidos, e o discurso, unificado. Uma excelente estratégia é criar reuniões rápidas entre funcionários do mais alto nível e os do extrato inferior da corporação.

Não é por outro motivo que alguns dos mais bem-sucedidos líderes empresariais são homens que não têm pejo de acompanhar vendedores em visitas a pequenos clientes. Ficar um pouco ao lado de um operário de linha e trabalhar com ele, usar seu banheiro, comer sua comida. Somente assim é possível compreender a realidade fundamental de uma organização. Não faço outra coisa quando realizo uma consultoria, desço ao nível inferior e o acompanho. Em poucos dias, posso saber mais sobre alguns problemas da empresa que muitos diretores.

A excitação máxima passa, então, por metas afinadas, liderança criativa e desmontagem das tribos empresariais para a criação do espírito de corpo. A curva de Gauss é um instrumento estatístico de acompanhamento.

Nada pode substituir uma liderança não conformada, dissociada do seu espírito de classe dirigente, capaz de andar com seus subordinados. Em seu livro,[7] Alessandro Barbero relata que, ao falar com um soldado sobre Napoleão, este lhe dissera: "Ah! Ele é um celerado no meio do fogo!" Assim, segundo o infante, Napoleão conhecia o campo de batalha como ele, não estava em um gabinete refrigerado acompanhando o combate a distância. Era um líder verdadeiro, digno de admiração, no entender de seu subordinado.

# CAPÍTULO 6

# RECOMPENSAS E SEU OPOSTO

Sim, não escrevi "recompensas e punições". Pelo menos no título, quero evitar essa palavra. Estou convicto de que o reforço positivo é muito superior ao negativo. Estou em boa companhia: Piaget, Montessori, Neil e muitos outros educadores defenderam essa ideia. Mas nossa sociedade não a assimilou muito bem. À nossa volta se constroem cada vez mais prisões, e isto significa que não bloqueamos as condutas antissociais a tempo. Quero contar algumas pequenas experiências e depois veremos sua ligação com o tema deste livro, os interesses coincidentes e sua aplicação no mundo empresarial.

## O metrô holandês

Estamos na Holanda, no interior de um metrô. Para um brasileiro, é uma experiência diferente – após comprar o bilhete, anda-se pela estação à procura da roleta, que não existe. Muito bem, devem pedir o bilhete dentro do vagão, como antigamente ocorria nos bondes brasileiros, ou nos trens daqui ainda hoje. Dentro do vagão, nada além de uma máquina para autenticar o horário no bilhete. Na parede, um aviso em cinco idiomas: "Este é um carro de autosserviço, certifique-se de que você está de posse de um bilhete válido para o trecho que está percorrendo. Se você for encontrado sem o bilhete, está sujeito a uma multa de ......, sem prejuízo do processo penal correspondente".

Esta é uma citação de memória, uma tradução livre, mas o sentido é esse mesmo: um grande castigo para uma falta aparentemente pequena. Todo mundo sabe que é para valer. Minha filha foi apanhada sem a caderneta escolar em um *strassen bahn*, um bonde, em Colônia, na Alemanha, e foi obrigada a pagar a multa.

Qual o espírito da coisa? Por que praticamente ninguém se arrisca à punição? A resposta está na teoria dos jogos: o criminoso faz uma conta de risco e se pergunta se vale à pena se expor ao castigo e qual é a probabilidade de que isso venha a ocorrer. Se o castigo for grande, mas a chance de ser apanhado muito pequena, pode compensar. Se a chance é grande, mas a punição insignificante, idem. Tudo isso é senso comum, mas sua aplicação está longe de ser executada em nosso ambiente.

Se a probabilidade de alcançar um infrator é baixa, o castigo deve ser extremamente severo, assim a conta de custo-benefício não compensará. É assim que funciona o sistema do metrô holandês, em que verificações aleatórias são realizadas; elas são raras, mas não há perdão para o transgressor. O resultado é que não há roletas nem cobradores, e os custos são mais baixos. Parte-se do princípio de que o cidadão é honesto e não precisa ser verificado a toda hora.

Quando explico isto, sempre aparece alguém para dizer que a cultura é outra, é outro povo, etc. Não é bem assim. Eles são seres humanos também, reagem da mesma forma. Um holandês que sabe que não tem chance de ser pego pela fiscalização do imposto de renda também sonega; um alemão faria a mesma coisa. Se você vive, porém, em um ambiente de baixa tolerância à violação das regras, automaticamente sobe seu comprometimento com a lei. Esse sistema foi chamado em Nova York de "tolerância zero".[8] Mesmo as menores infrações passaram a ser vigiadas, e este clima evita comportamentos piores e os crimes mais sérios também diminuíram dramaticamente.

É relevante notar que em, uma sociedade assim, muitos custos ficam reduzidos. É mais barato um transporte público que se baseia na confiança do que aquele que depende da conferência item por item. Assim também, na administração de qualquer lugar, é importantíssimo ter regras claras e atentar para o fato de que o espírito de tolerância custa muito caro. É o que sucede no mundo na administração pública, em que a política implica comprometimentos entre pessoas, favores, acordos, olhar para o outro lado. Essa postura contamina a administração da *res publica* porque é o ambiente político que define as nomeações para cargos. Quanto menor a possibilidade de nomeações políticas, menos vulnerável será o sistema a essas contaminações.

Por outro lado, os cargos estáveis e a dificuldade de punir o administrador público encorajam fortemente a conduta ilícita. É a regra do jogo! Qual a probabilidade de ser apanhado? Muito baixa? Então vale a pena correr o risco. Vemos aí em ação o princípio dos interesses coincidentes pelo avesso, em que o interesse público não coincide com o do administrador. Assim, para que tudo funcione bem, é preciso que:

1. Se a chance de apanhar o infrator for baixa, a punição deve ser muito alta.

2. O sistema deve prover prêmios por desempenho a partir de metas que coincidam com o interesse público.

3. Os cargos disponíveis para nomeações políticas devem ser reduzidos ao mínimo possível, profissionalizando-se a administração.

4. A facilidade de investigar e de punir deve ser promovida, reduzindo-se ao mínimo a questão das imunidades.

Perguntaríamos, então, se a empresa privada também se beneficiaria dos mesmos conceitos. Sem dúvida, apenas é mais fácil demonstrar o erro da administração pública porque ele é mais evidente. Como a questão dos prêmios: em lugar de se premiar um policial por cada morte ocorrida (onde será que estava o interesse público nisto?), a polícia de Nova York passou a dar metas de diminuição de crimes em determinada região, treinou a polícia para isso e passou a premiar os desempenhos. Haverá coisa mais simples? Trata-se de um exemplo perfeito em que os interesses coincidem.

Examinemos um policial com baixa remuneração, treinamento insuficiente e exposto a subornos altíssimos de criminosos. As condições estão preparadas:

1. Probabilidade de ser apanhado: baixa.

2. Premiação por se corromper: alta.

3. Cumplicidade e aprovação dentro de seu grupo alta (se todos se corrompem, quem não o faz é perigoso, não está integrado).

Ele não pertence mais à sociedade a que serve, foi admitido, cooptado por um grupo especial que se rege por outras regras e que tem interesses coincidentes.

A única forma de quebrar um sistema assim estabelecido é modificar as regras do jogo e investir fortemente numa mudança de cultura. Mas a mudança das regras vem primeiro. Todos duvidarão de que a alteração realmente se verifique, aqueles que se beneficiavam do esquema anterior lutarão contra, e os novos, que ainda não viram as vantagens da inovação, serão tímidos em apoiá-la, exatamente como descreveu Maquiavel.[9]

Em razão disso, a modificação de sistemas dentro de empresas demanda enorme investimento e determinação. Os líderes têm de acreditar fortemente no novo sistema. Não podem hesitar um único momento. Eles contam com várias vantagens em relação à administração pública, têm muito mais forte domínio da situação, podem demitir *ad nutum*, isto é, por um simples ato de vontade. E não devem temer se desfazer de um resistente que trabalhe contra as reformas.

Essa resistência pode ser meramente passiva, mas é importante razão para o fracasso de uma revolução interna. O fato de as empresas não serem por natureza democráticas, mas autocráticas, é um facilitador. A verdade é que as organizações privadas usam, às vezes, de métodos democráticos, e o fazem porque uma decisão de que todos participaram propicia maior engajamento. Porém, escolhem quando fazê-lo, visto que, se o desejarem, podem agir autoritariamente.

Recompensas dentro de um grupo de trabalho trazem dentro de si o oposto. A negação da recompensa, o ficar em último lugar, por exemplo. Estamos trabalhando com pessoas, elas são competitivas por natureza. As regras de um sistema que atentem para os interesses coincidentes visam às duas pontas do comportamento humano. De um lado, aquilo que queremos incentivar; de outro, aquilo que queremos desencorajar.

## O desfile de Carnaval

Um magnífico exemplo é o do Carnaval. Olhemos para o Rio de Janeiro e sua fama. Os cariocas seriam, pelo tipo de cidade em que vivem e pela lenda que daí se criou, avessos ao trabalho. Seriam amantes da boa vida, da praia, do eterno lazer. O desespero dos administradores de uma escola anglo-saxônica de gerenciamento.

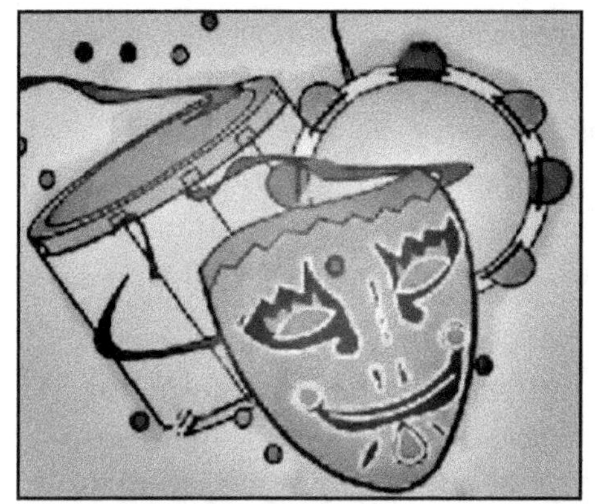

Subamos ao morro, pátria das escolas de samba, onde os habitantes são em sua maioria descendentes de escravos. Para eles, o trabalho foi originalmente um castigo. E para a cultura brasileira, em geral, bem-sucedido é aquele que se libertou do ônus – segundo o Gênesis – "de ganhar o pão com o suor de seu rosto".

São todos exemplos perfeitos da constatação de Max Weber[10] sobre como o protestantismo e o catolicismo influenciaram a economia. Uma cultura em que os esforçados que enriqueceram são olhados como trapaceiros. Na nossa literatura, podemos observar que os personagens de Machado de Assis,[11] por exemplo, não trabalham, vivem de rendas ou de sinecuras públicas. Somos saudosos da corte. E os cariocas são o paradigma da conduta nacional, afinal foi entre eles que a corte imperial se estabeleceu.

Eu estava em Santa Cruz de La Sierra quando um ministro boliviano me explicou uma diferença fundamental entre sua cultura e a cultura brasileira:

– Aqui entre nós, descendentes de espanhóis, as coisas são analisadas dentro do prisma da justiça: ou são certas, ou erradas. Então brigamos muito, porque temos sempre opiniões diversas sobre o certo e o errado. Nos Estados Unidos (ele fora embaixador na ONU), as pessoas são vistas como ganhadoras ou perdedoras. A um ganhador, mesmo que incrivelmente mau caráter, tudo se perdoa. Mas ser um *looser*, um perdedor, é uma derrota da qual não se livra nem um santo. Por isso, o mocinho tem de ganhar em todos os filmes.

E ele prosseguiu:

– No Brasil, o julgamento é *estético* , as coisas são feias ou bonitas. Não tem graça ganhar o campeonato de futebol de pênalti, no último minuto, isso é feio. Enquanto nos Estados Unidos isso seria vitória, no Brasil é quase um arremedo. Uma trapaça muito inteligente, que deixa todo mundo muito espantado, pode ser bonita. É um país surpreendente!

## As escolas de samba

Voltando à cidade do Rio de Janeiro, um espetáculo belíssimo se criou: o desfile de Carnaval. Se formos escarafunchar, veremos que foi financiado por contraventores. Mas não tem importância, pensamos, ficou muito bonito.

Dentro dele existem empresas funcionando. São as escolas de samba. E quem observar seu funcionamento descobrirá um volume  fantástico de trabalho sendo executado. Feito por aqueles que todos creem ser avessos ao trabalho duro. E não são os cariocas incapazes de cumprir horários? Bastou ser criado o quesito da pontualidade na premiação das escolas de samba, para que a precisão de segundos passasse a ser considerada.

No mundo todo, não há espetáculo tão exuberante. Pontual, criativo, com a coordenação de milhares de figurantes extremamente empenhados. Quais dessas criaturas estão ali a ganhar para desfilar? Nenhuma. De onde vem, então, esse tremendo engajamento, esse esforço supremo em favor do grupo?

Vem de claros regulamentos de jogo, competição entre grupos, premiação com regras minuciosamente conhecidas. Estabelecimento de interesses coincidentes dentro de cada escola. Ninguém se atreve a agir errado, a cantar outra música, será expulso sem contemplação. Funciona aí a punição implacável em estado puro, o comprometimento do grupo todo envolto em um interesse coincidente.

Quando um nível tão alto de espírito de corpo é atingido, vemos o mesmo fenômeno que engaja homens como voluntários em causas em que têm fé. Pegam em fuzis, vão para um campo de batalha. Sacrificam as próprias vidas por uma causa. Assim as pessoas que pagam suas fantasias para simplesmente desfilar defendendo sua escola de samba. Elas não querem mais do que a compensação de poder ser campeãs. Nem é preciso salário.

Agora olhe para uma empresa. É responsável pelo sustento do funcionário e de sua família. Tem tempo para dar treinamento. Pode criar as regras do jogo. Premiar. Punir. Tudo o que seria o sonho de um líder, todas as ferramentas.

Se os empregados não estão comprometidos, é porque a empresa não sabe administrar pessoas. Não conhece a maneira pela qual operam alguns aspectos da mente humana. Não observou os voluntários de tarefas difíceis, não se perguntou como as escolas de samba chegaram aonde estão. Não compreendeu como fazer coincidirem os interesses.

# CAPÍTULO 7

# PRÊMIOS E RECOMPENSAS PSICOLÓGICAS

Podemos premiar o desempenho de muitas formas. A primeira e mais básica é uma variável que é colocada além do fixo atribuído ao funcionário. Dependendo do tipo de atividade, seu método de cálculo deve sofrer variações. Se falarmos de uma operadora de *telemarketing*, que vende assinaturas de uma revista, por exemplo, o variável pode ser uma percentagem por negócio realizado acima de uma meta fixa.

Mas não foi dito que comissões infinitas podem gerar problemas? Sim. Neste caso, entretanto, temos um fenômeno que previne essa distorção e permite que uma simples percentagem gere uma remuneração justa.

Vamos chamar a isso de inelasticidade dos grandes números. Em virtude da grande quantidade de ligações diárias feitas por uma operadora de *telemarketing*, podemos prever com razoável precisão o número de negócios que pode fechar. Como essas vendas têm um valor estável, ou seja, não existe a possibilidade de ser realizado um negócio de grande valor, realizar uma venda total mensal excepcional torna-se impossível. Assim, uma remuneração muito acima do normal não ocorre e nós sabemos a variação que as comissões podem atingir.

Por outro lado, esse fenômeno da inelasticidade dos grandes números gera um erro comum na atribuição de premiações. Tenho visto empresas colocarem as mesmas regras para vendedores, filiais ou departamentos de diferentes características. Isso gera injustiças.

Vejamos: um vendedor com uma carteira de clientes pequena em uma nova região X; outro com alguns grandes e poderosos clientes já trabalhados há um bom tempo. Regra estabelecida de premiação: aquele que crescer mais percentualmente em sua região é o vitorioso e ganhará os prêmios e homenagens.

O que vai acontecer? Com um bom esforço, o vendedor de pequenos clientes pode até duplicar seu desempenho; crescer 100% acima da sua meta. Isso é perfeitamente factível pelo fato de seus clientes terem espaço para crescer, de que pequenas vendas podem ser aumentadas com facilidade. O representante junto a grandes compradores lida com uma inelasticidade dos grandes números, um grande comprador já está trabalhando dentro de uma faixa previsível e, assim, se aumenta seus negócios em 10%, o vendedor já fez um trabalho excepcional.

Esse tipo de regra, como vimos, é injusta. Seria necessário traçar um objetivo diferente para cada uma das regiões. Somente metas diversas poderiam equilibrar as oportunidades. Quando se ignora a inelasticidade dos grandes números, o que se obtém é o automático desestímulo daqueles que sabem que não poderão ganhar.

O segundo modo de premiar é com a atribuição de valor a um percentual dado de crescimento. Assim: a cada ponto percentual em que uma dada meta for superada, pagaremos o valor de prêmios de X. Isso permite desvincular os valores da empresa dos valores de premiação.

Uma possibilidade matemática seria pagar  sobre a raiz quadrada de um determinado excedente de meta. Esse método permite uma forte correção de proporcionalidade entre o crescimento e os valores pagos em percentuais. Até hoje não vi alguém que o houvesse estabelecido, mas seria especialmente adequado a valores explosivos.

O terceiro método principal, e o meu preferido, é o que atribui, para fins de premiação, pontos correspondentes a valores. Consideremos que a equipe já está sendo remunerada com fixos adequados, como já explicamos no Capítulo 3, assim, o que precisamos é criar um processo de premiação. Posso estabelecer um sistema de pontos, em que cada ponto conquistado pelo funcionário vale uma quantia fixa em dinheiro.

Desta forma, posso atribuir pontos para os mais variados itens de controle. Pontos por faturamento acima da meta. Pontos por melhor distribuição das vendas dentro do *mix*, isto é, de acordo com os diferentes produtos em linha. Pontos por um lançamento que quero incentivar. Pontos por um item de qualidade como diminuição de devoluções por razões comerciais.

Não há limite para a criatividade. Podemos até prever que o futuro é a atribuição de premiações por motivos cada vez mais sofisticados, à medida que a competição entre as empresas se desloque para coisas mais sutis, em especial as que significam a fidelização dos clientes.

Um sistema desses permite colocar o foco naquilo que mais interessa à companhia. Quantas vezes o simples faturamento não é a melhor medida de lucratividade? Vendedores com sistemas lineares baseados em faturamento são ideais em uma empresa que vende um único tipo de produto, como anúncios de jornal, por exemplo. Entretanto, se a empresa lida com uma extensa linha de produtos, alguns deles serão mais fáceis de vender, e não obrigatoriamente os mais lucrativos. Os vendedores negociarão dentro do que lhes parece melhor para seu bolso, e a lucratividade da empresa não será o foco. Seus interesses não serão coincidentes.

## A remuneração psicológica

Agora, vamos passar os olhos por uma festa de encerramento mensal. O salão está decorado com balões. Faixas comemoram um excepcional resultado. Aquela filial é a líder de crescimento naquele mês em toda a companhia. Todos parecem profundamente envolvidos. As chefias sorriem ao abraçar seus campeões. A gerência posta-se à frente e toma a palavra. Em seguida se entregam prêmios, troféus, brindes. Salvas de palmas, alguns dos vitoriosos mostram-se emocionados, voz embargada, olhos brilhantes.

O que está acontecendo? Por que as emoções se tornam tão fortes?

São as recompensas psicológicas em ação. Desde o tempo das cavernas queremos ser admirados em nosso grupo. Desejamos o reconhecimento de nossa família. Ambicionamos mais do que dinheiro. Buscamos homenagem, reconhecimento. Aqueles troféus vão para casa e serão mostrados a toda gente.

É outro mistério o fato de haver empresas que não reconhecem o potencial das remunerações psicológicas. Como mostrei no exame sobre as escolas de samba, a compensação de fundo emocional se sobrepõe ao salário. A tendência é achar que não é assim porque, mergulhados no trabalho, perdemos de vista o conjunto da sociedade humana.

Abraham Maslow,[12] com sua famosa pirâmide de hierarquização das prioridades humanas, teorizou que o impulso sexual precede a aprovação social. No entanto, somos capazes de abdicar do sexo para sermos aprovados. E todo mundo faz isto. Ou, por acaso, damos vazão livremente aos nossos desejos?

Feito esse raciocínio, podemos deduzir que as empresas dispõem de um fator de estímulo mais poderoso que o sexo para motivar atitudes: o reconhecimento do grupo. Afinal, em troca dessa aprovação, nós nos contemos e nos sublimamos.

Falhamos, em geral, na propaganda, na doutrinação. Na maioria das vezes, os executivos são muito rápidos em queixar-se da falta de coesão de suas equipes. Do baixo nível de comprometimento dos funcionários. Do fato de não compreenderem os rumos da empresa, do mundo, o seu pensamento de líder ignorado. Não fosse a circunspecção que um consultor tem de manter para não ferir sentimentos, eu diria: "Mas você se esforça para que eles o entendam?".

## A pregação incansável

Entremos em uma igreja qualquer. Basta considerar as pedras que nos rodeiam para imaginar o poder das ideias que elevaram esses edifícios. Todos os domingos, um ritual se realiza ali: músicas, clima, o líder sobe ao púlpito e repete incansavelmente as mesmas coisas que todos já sabem. Reforça, apresenta as ideias sob novos ângulos. Não importa que eventualmente muitos duvidem, haverá doutrinas capazes de pregar que o mundo só tem 6000 anos. Mas de tanto serem repetidas, aquelas crenças se estabelecem nas mentes e sobrevivem.

Extraordinário, esses pregadores ali não se queixam de que suas palavras não encontram eco.

Voltemos ao ambiente empresarial. Para lá, as pessoas vão cinco dias por semana. As empresas pagam seus salários, enquanto nas igrejas são os fiéis que pagam para ouvir os pregadores.

Onde está a diferença? Nas pregações. Falta à empresa um conjunto coerente de ideias para ser objeto de doutrinação. Se uma ideologia é criada, ela pode ser incutida, se não em todos, pelo menos em muitos.

Vejam o que ocorreu durante o nazismo. Nem precisou ser verdade – bastou que Hitler[13] e seus seguidores repetissem sem parar: "Os judeus são culpados de tudo o que acontece de ruim", e o povo que se tinha como o mais culto da Europa se atirou rumo a uma carnificina sem sentido.

E os executivos acham difícil doutrinar seus funcionários. Não precisam inventar fantasias delirantes como as do Terceiro Reich. Têm a realidade a seu lado, o bem-sucedido sistema capitalista os apoia com todo o poder de operação do mundo circundante.

Uma empresa tem essa grande vantagem. Não precisa mentir. Pode ter uma ideologia altruísta. Pode lutar pelo bem coletivo. Pode ser honesta e justa com seus empregados. Só que isso não basta, é preciso pregar como nas igrejas. Quando vejo os maravilhosos jovens que recebem no MacDonalds, lembro-me imediatamente de que o atendente de balcão ali recebe 95 horas anuais de treinamento. É mais do que a dose de uma missa por domingo, num total de 52 domingos apenas.

Essas formas de remuneração emocional apresentam grande variedade. Elas passam pela regra simples de elogiar em público constantemente e de só repreender em particular. Só desafios públicos precisam de respostas com testemunhas. Há chefes que temem elogiar, receiam que o funcionário fique "cheio de si".

Na realidade, receiam perder o poder, querem ser temidos. Nunca é demais elogiar. A maneira preciosa com que guardamos um reconhecimento sincero que nos é concedido deve ser a medida do valor que devemos dar a essa forma de incentivo.

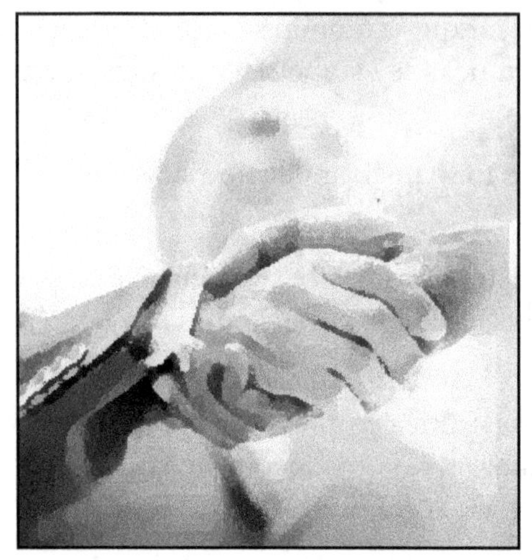

Quadros públicos de desempenho são simplesmente obrigatórios, pois todos os funcionários de uma empresa devem saber onde se encontram em relação às suas metas. E como estão os outros também.

Lembremo-nos de que não se deve dar tarefas, mas, sim, oferecer metas, desafios, e depois disso propiciar competição com prêmios.

Acima de tudo, os sistemas têm de ser honestos, dignos de crédito. Nenhuma trapaça jamais pode ser vitoriosa. A tolerância perante a desonestidade tem de ser zero. Assim, todos incorporam um sentimento de justiça em lugar de uma descrença arraigada. Tudo o que comentamos se aplica também às mais variadas tarefas: públicas e privadas. As regras fundamentais são:

1. Premiar com um sistema flexível que permita colocar o foco nos interesses do empreendimento. Ex: sistema de pontos que premiam itens de controle.

2. Festejar publicamente as vitórias e premiar os melhores para que se tornem exemplos para o grupo. Usar a remuneração psicológica. Ex: as fotos de melhor funcionário de mês expostas publicamente.

3. Uma pregação incansável. Um treinamento que incuta os valores da empresa em todos os participantes. (É preciso ter valores críveis, primeiro. Como em qualquer crença, os líderes precisam incorporar os valores que eles mesmos pregam. Se não for assim, não haverá pregação que funcione.) Ex: igrejas, exércitos.

# CAPÍTULO 8

# ESTÍMULO E O PRIMEIRO PRINCÍPIO

Estímulo é uma palavra derivada do latim *stimulus*, a qual designava a longa vara provida de uma ponta de metal usada para espicaçar os bois e fazê-los se mover. Com o tempo, o sentido se alterou até o padrão moderno, em que se concebe que a perspectiva de recompensa, isto é, um estímulo positivo, é bem melhor que a possibilidade de um castigo, que seria um estímulo negativo, para a obtenção de resultados.

Mas, a rigor, tudo o que tem o poder de espicaçar seria estímulo. E então podemos considerar que os aguilhões não fazem juízo de valor, agem simplesmente. Para o bem e para o mal.

Neste capítulo, examinaremos o primeiro princípio. Ele considera a questão da direção do vetor. Por mais surpreendente que pareça, há organizações que querem ir para um lugar, mas empurram seus funcionários para o outro lado. Assim, o primeiro princípio é:

**A direção do estímulo precisa coincidir com o sentido desejado**

Não é difícil encontrar programas de incentivo que premiam condutas não desejadas. O exemplo mais frequente é a remuneração por comissões, a qual recompensa uma conduta linear que às vezes chega a conflitar com o objetivo de rentabilidade. Isso acontece se a comissão é paga com base no faturamento, o que é bastante comum. Tendo a empresa uma linha de produtos, alguns mais rentáveis que outros, fica impossível estimular aqueles de maior interesse.

As comissões encorajarão o comportamento de tentar o maior faturamento, não importa com quais produtos do catálogo. Nesses casos, o sistema de pontos permite focar os produtos que se deseja vender mais. É um método bastante adequado para colocar os estímulos na direção mais lucrativa nesse caso particular.

Podemos encontrar também empresas com tal quantidade de produtos em linha que fica difícil estimular corretamente. Em geral, a lei de Paretto[14] pode ser aplicada: "Uma pequena parte dos produtos representa a maior parte das vendas".

Examinei um caso em que 9% dos produtos em catálogo representavam 87% dos negócios. É evidente que um corte radical permite um aumento vertical da lucratividade. Melhor ainda, torna possível organizar mais eficientemente o departamento de vendas, dando direção aos seus esforços.

Resta perguntar por que se demora tanto para tomar esse tipo de decisão. A razão é que o aumento de itens é motivo de orgulho para os lançadores, os quais se sentem apegados às suas criações. Se algum cliente pedir uma apresentação diferente, o gerente de contas tentará impedir o corte, mesmo que o produto não seja lucrativo para a empresa como um todo. Esse gerente não está sendo estimulado na direção correta. Sua meta, provavelmente, é de faturamento e não de desempenho lucrativo de sua unidade de negócios. Mude-se a direção de seu estímulo e ele mudará de postura.

Se observarmos a natureza, veremos que o mecanismo evolucionário foi selecionando os estímulos que apontavam para a direção de maior sucesso. Isso acontece com um método de tentativa e erro ao longo de um enorme lapso de tempo. As condutas de resultado medíocre são eliminadas, restando as de melhor desempenho.

A reprodução é um exemplo de grande impacto desse fato. Não há dúvida de que realizar o ato sexual demanda esforço e tem um custo alto para fêmeas e machos de nossa espécie. Para fazer com que a espécie sobrevivesse e crescesse, era necessário um forte prêmio. A questão foi solucionada através do prazer.

Experimentemos imaginar a conduta humana sem libido. O que seria preciso para forçar as pessoas a fazer sexo? Leis seriam suficientes? E criar os filhos privados do sentimento estimulante de amor? Seria tudo uma grande maçada.

Nas últimas décadas, por intermédio de medicamentos anticoncepcionais, conseguimos dissociar o sexo da reprodução, em grande parte. A consequência foi uma queda vertical da natalidade nas populações que tiveram acesso a essas técnicas. A compreensão do custo associado à criação dos filhos reforçou o comportamento.

Agora, alguns países já se sentem obrigados a incentivar a natalidade porque a população começa a minguar. Oferecem isenções, garantias de educação, até prêmios em dinheiro. Esses países não têm sido muito bem-sucedidos – a natureza, com o orgasmo, havia arranjado um sistema bem mais efetivo. Vai ser difícil conseguir algo comparável.

Os mecanismos que descrevemos são demonstrações do poder de desvio do comportamento que os estímulos detêm. Nas empresas e na administração pública, basta atentar para o conjunto de efeitos analisando-os através dos interesses coincidentes.

## A fábrica de bolas

Certa vez, examinei o problema de uma companhia que havia adquirido máquinas para fabricar bolas. Durante o processo, os gomos são colados em um balão de borracha, reforçado com uma camada de fios sintéticos. Para que os gomos sejam exatamente afixados, tanto a esfericidade quanto o diâmetro da bola têm de ser praticamente perfeitos. A fábrica sabia que, na concorrência, cada linha de produção fazia 60 bolas por dia com aquele método, mas ela só estava conseguindo realizar 20.

Por mais que os técnicos criassem gabaritos de conferência, por mais que insistissem, não se conseguia aumentar a produtividade, quem sabe por que os operários também eram novos, quem sabe faltava algum segredo?

Evidentemente, não sou especialista em bolas, aqueles que as estavam fabricando, naturalmente, sabiam mais do que eu. Criei um pequeno plano e negociei-o com a direção. Se conseguissem fabricar acima de 40 bolas por linha, aumentaríamos a remuneração de todos os funcionários daquele grupo. Reuni todos os funcionários e disse:

– Pessoal, o sistema é assim: vocês é que vão desenvolver os métodos, podem alterar qualquer coisa na linha. A remuneração sobe a partir de 40 unidades, assim, se vocês chegarem a 80 bolas, receberão salário dobrado, e isto não tem limite.

– Não tem limite? Quer dizer que nós é que vamos definir o nosso salário?

– Exatamente. Mas temos regras. Uma é a da qualidade. Se uma bola estiver com defeito, volta ao início da linha e tem de ser consertada, o que atrapalha a meta.

– E se todo mundo não trabalhar do mesmo jeito?

– Bem, vocês podem solicitar a substituição de qualquer colega não colaborativo, apenas devem fazer isso coletivamente. Como os grupos são formados por nove pessoas, não há dificuldades especiais de comunicação.

– E quem vai nos chefiar?

– Vocês mesmos. Haverá um líder de grupo, creio que deve ser a finalizadora, mas vocês podem eleger quem quiserem.

– E como a produção vai ser controlada?

– Quadros individuais por linha mostrarão a produção hora a hora. Faltas serão compensadas dentro da própria linha. A finalizadora é a controladora da qualidade, é ela que não aceitará o produto que apresentar defeitos.

O resultado: continuo sem conhecer em detalhes os segredos de fabricação, porém, a produção começou a subir imediatamente: passou dos 40, atingiu 60 bolas por dia, manteve-se subindo, para contestar a incredulidade de todos, ultrapassou as 80 bolas por dia, e eram os mesmos equipamentos! Estabilizou-se em 90, 50% acima do concorrente que a fábrica tinha como exemplo. E em uma competição com prêmios, uma das linhas conseguiu incríveis 110 unidades perfeitas em um dia. E, no início, acreditavam que não dava para passar de 20.[15]

Tão simples... Antes, todo mundo estava trabalhando por salário, por tarefa. Os estímulos para produzir mais depressa eram negativos, fazer isso significava apenas cansar-se mais, e para enriquecer o patrão. Os interesses eram divergentes. Bastou colocar todos no mesmo barco, apontar os estímulos para a mesma direção, e tudo mudou.

Outro exemplo de direção correta dos estímulos é o exame nacional dos alunos de universidades. Nas faculdades particulares havia entidades que não tinham especial interesse em melhorar o ensino. Se tivessem muitos alunos e entregassem a eles um diploma, realizariam um bom negócio, pelo menos no curto prazo. A introdução de um exame de nível com a divulgação ampla dos resultados mudou a regra do jogo.

É interessante verificar a forte oposição que se criou. Com o argumento de que os alunos das escolas mal colocadas seriam discriminados no mercado de trabalho, entidades estudantis lançaram-se contra o projeto. Ele parecia contrariar interesses imediatos. Os alunos das escolas mal avaliadas seriam malvistos no mercado de trabalho. Mas rapidamente o exame fez com que as faculdades pior colocadas se empenhassem em melhorar a qualidade. Os estudantes em geral perceberam a vantagem de um estímulo por um melhor ensino que os beneficiaria no futuro. Os boicotes praticamente cessaram.

Esse problema da direção é flagrante em muitas outras atividades. Os programas de treinamento nas empresas são contaminados por nossa estrutura de ensino. O que se pretende? Ensinar e qualificar os funcionários. Muito bem, então se montam cursos e dão-se diplomas. Qual o sentido do treinamento, então? Diplomar. Aí está o desvio de direção. Perceba-se o quanto essa conduta permeia nossos cursos regulares. Perguntamos a uma pessoa o que ela cursou. Em que se diplomou.

Ora:

> O objetivo real era treinar habilidades, receber conhecimentos, desenvolver o raciocínio, não era receber diplomas.

Desta forma, é preciso qualificar a diplomação: a pessoa fez o curso tal e diplomou-se com o grau de aproveitamento X. Esse grau é a verdadeira medida do desenvolvimento gerado pelo curso. As escolas devem ser avaliadas por meio do aproveitamento dos alunos. Esta é a medida correta que levou ao efeito do exame nacional descrito há pouco. O estímulo adequado criado pela avaliação colocou as faculdades no caminho, na direção que se desejava para o ensino. Os programas de treinamento devem basear-se num objetivo avaliável, e esse exame de proficiência não pode ser esquecido.

Como podemos ver, o desvio de direção pode ser uma sutileza, como no caso do ensino. Mas essas pequenas diferenças de grau no azimute da bússola, no ângulo da rota, levam a enormes afastamentos do objetivo final.

Um grau apenas de diferença de direção faz um piloto perder o aeroporto, se o percurso for suficientemente longo. Diplomas dados com exames de aprovação parecem suficientes, mas... e se a faculdade tem interesse em aprovar? Assim, o exame nacional criou outro padrão, um diferente objetivo a ser alcançado.

Cada objetivo deve ser analisado:

- Qual objetivo real desejo atingir?

- Este estímulo aponta exatamente para a direção que nos interessa?

- Desvios por diferentes interpretações são possíveis?

- Onde estão os interesses contrariados?

- Como mudar as regras do jogo para aqueles que se sentem prejudicados?

Segue-se, então, uma doutrinação adequada para que todos se comprometam com a ideia, associada à remoção dos resistentes, a fim de que o bem comum possa ser alcançado.

# CAPÍTULO 9

# O Segundo Princípio

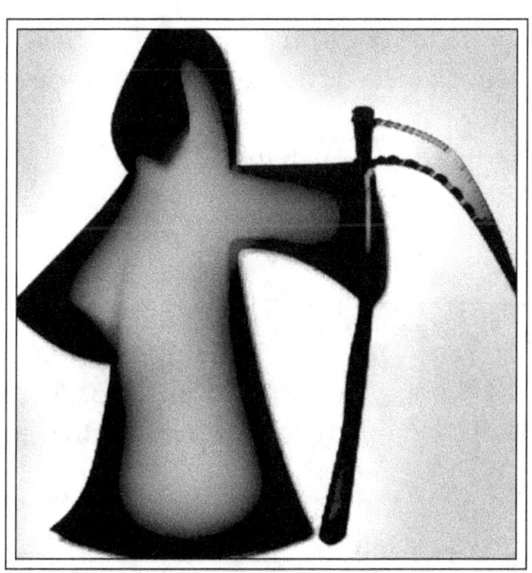



Todos sabemos que iremos morrer. Se sairmos pela rua para entrevistar pessoas sobre o assunto, as respostas que obteremos serão:

– Claro, todo mundo sabe que vai morrer um dia. Se isto muda alguma coisa em minha vida agora? Não, eu procuro nem pensar nisto. Acredito que isso é Deus quem decide. Por que está me perguntando?

– Eu vou morrer, é óbvio, mas acho que não será já. Acredito em reencarnação. Se isso muda alguma coisa? Não sei, o que sei é que a gente tem de cuidar da casa, dos filhos, sobreviver...

– Eu? Eu sou budista, não tenho respostas para isso, o budismo não fala em almas imortais.[16] Se a morte muda minha vida? Bem, estou tentando viver o agora. E isso já é bastante difícil...

Não importa muito a quem estamos entrevistando. Os homens tentam não pensar na morte. Sua possibilidade tampouco altera significativamente o seu modo de viver. Mesmo os que creem em castigo eterno para os pecados deixam tudo para depois.

Para os que acreditam em eternidade, que se estende além-túmulo, é surpreendente. É muito castigo, um castigo ou prêmio eterno. Parece que não funciona o argumento que usamos anteriormente, de uma punição severa se a possibilidade de ser apanhado é baixa. Estamos falando de implacabilidade e de um resultado que se prolonga pela eternidade afora.

Qual é o motivo de tanta indiferença? *É o prazo de colheita do resultado.* Demora demais e, assim, a ideia de a vida terminar perde seu efeito motivador. Já não queremos pensar na morte. Para todos, ela parece remota. É assim que os prêmios e punições perdem seu efeito.

## É muito tempo...

Agora, observemos uma criança de 3 anos. Ela quer comer um chocolate logo antes do almoço. A mãe nega, o menino chora e, para acalmá-lo, ela explica:

– Agora não. Vai perder a fome. Logo depois do almoço eu te dou, está bem?

Mais choro e mais fúria. Está bem coisa nenhuma! O menino quer o chocolate agora. Depois do almoço é muito tempo. A ameaça de uma palmada imediata cala o pimpolho no mesmo instante. Isso ele entende. O rosto crispado da mãe, a mão levantada. Ela poderia prometer uma montanha de chocolate depois da refeição, que a promessa não funcionaria. Mas o que é instantâneo é poderoso.

Todo o treinamento para as reações humanas é assim influenciado. Quando aprendemos a andar, temos a melhor das professoras – a gravidade. Qual é a grande virtude da gravidade em seu papel de instrutora?

- ◆ Jamais perdoa qualquer falha.
- ◆ O resultado, prêmio ou castigo, é imediato.

Nunca vemos ninguém desrespeitar a gravidade. A aceitação de sua autoridade sobre nossa maneira de andar é absoluta, fazemos como ela decidiu. Cumprimos suas regras e não vemos ninguém rebelar-se contra ela. Se alguém cair, dirá que a gravidade é a culpada? Não, ele é culpado, todos conhecem as regras. É daquele que caiu que todos riem, foi ele quem se tornou ridículo ao estatelar-se no chão. Nunca vi alguém apostrofar Newton[17] depois de se esborrachar no chão.

Aqui descrevemos o funcionamento real da mente. É evidente que, na administração de pessoas, ocorrem tolerâncias e nada é dessa forma, tão mecanicamente eficiente. Contudo, é justamente por meio desse detalhe que passam as ineficiências de que todos nos queixamos, quando, por exemplo, falha a administração pública. Queremos que tudo funcione com perfeição, mas protestamos quando a implacabilidade de uma regra nos atinge, desejamos a exceção em proveito próprio.

No entanto, os pais mais previsíveis em sua conduta em relação às regras são os que têm menos conflitos para administrar. Já é pacífico que tal horário não será concedido para voltar da festa. Não há o que negociar, os protestos gritos ou choro não funcionarão, assim, eles nem chegam a surgir.

O mesmo ocorre em relação ao cumprimento das leis de trânsito para os adultos, ao crime, ao empenho coletivo em qualquer empreendimento. Esta é a raiz do sucesso do programa de tolerância zero do policiamento de Nova York. Quando as leis estão bem estabelecidas, não se veem mais protestos quanto ao seu cumprimento. Todos as respeitam sem pensar, exatamente como fazemos em relação à gravidade.

Em qualquer dessas circunstâncias, quanto mais imediato o estímulo, mais efetivo é seu resultado na obtenção de reações. Assim, quando estabelecemos qualquer sistema de premiação, devemos procurar reduzir o prazo de concessão dos resultados.

## A distribuição de lucros e sua falha teórica

Aqui está um seriíssimo defeito dos programas de distribuição de lucros. Como os resultados de balanço são o fator que instrui esses sistemas, eles só podem ter periodicidade anual. Esse é o primeiro grande erro: o lapso de tempo é demasiado longo para induzir diferentes comportamentos no dia de hoje. A reação normal é aguardar os resultados globais da empresa como se aguarda a própria morte. Uma possível distribuição anual de resultados está tão distante, na ideia dos envolvidos, que não cria neles reações imediatas.

Isso não significa que as empresas não devam partilhar resultados com seus funcionários. Isto é conveniente, embora, a rigor, essas duas coisas sejam teoricamente independentes: lucro e incentivos.

Lucro e prejuízo são coisas que têm a ver com o capital dos acionistas, são eles que assumiram seus riscos, riscos naturais do capital. Já incentivos devem ser instrumentos usados pela empresa para fazer seus interesses e o dos empregados coincidirem.

Podem ser acoplados aos lucros? Sim. Mas é melhor que sejam associados à produtividade, às ações sobre as quais os trabalhadores têm influência. E funcionarão tanto melhor como incentivos quanto mais bem sincronizados estiverem com essas ações. E melhor ainda se o prazo de premiação for muito mais curto que o dos resultados de balanço.

Então, qual é o prazo ideal? Por tudo o que argumentamos, o prazo de melhor eficácia é o mais curto possível. Em termos de remuneração, obviamente, é prático colocar os pagamentos de prêmios junto com o salário mensal. O processo americano de pagamentos semanais é ainda mais conveniente. Mas temos também uma maneira de antecipar os resultados dos estímulos financeiros salariais, que é a informação.

Diz-se, nos manuais militares, que a tropa mal informada perde a moral. É uma verdade incontestável. O corpo de funcionários de uma empresa tem tal sede por informação que, se ela não flui com abundância e precisão, boatos tomam seu lugar. É a famosa rádio de corredor, ou a "rádio peão". Velocíssima, criativa, supre todos os espaços deixados vazios por uma boa informação, e substitui-os por conjecturas ou deduções tiradas das mais frágeis evidências.

## A informação pública

Na questão de prêmios e incentivos, a informação deve ser precisa, abundante, pública. Não bastam papéis com os dados. Não é suficiente que sejam distribuídos aos interessados. Toda a empresa necessita saber. A faxineira deve saber quem é o melhor vendedor. Os vendedores precisam conhecer a melhor encarregada de limpeza. Ver sua foto afixada no mural da empresa.

O efeito dessa emulação, isto é, do sentimento que nos impele a competir, é enorme. Esse sentimento só é desprezado pelos executivos por uma incapacidade de exercer sua empatia. O diretor gosta de ser agraciado com troféus e reconhecimento em banquetes. Quer ver sua foto em uma revista de negócios. Deseja ser reconhecido entre seus pares. Por que não nota, então, que o seu mais humilde funcionário também ambiciona esse reforço emocional? E que quanto mais rápido ele vem, melhores resultados motivacionais o funcionário lhe proporcionará?

Esses estímulos têm a virtude de poder ser efetivados em prazo curto. E a informação do progresso em relação às metas pode ser acompanhada em quadros públicos de desempenho. Que tanto mais frequentemente atualizados, mais eficazes como motivadores serão. A perfeição será atingida com o número de *resultados on line*, disponíveis a todos instantaneamente.

É, portanto, obrigatória a presença de quadros explicitando as metas e o progresso alcançado até aquele momento. Os quadros públicos forçam também um gerenciamento mais acurado. Todas as dificuldades saltam à vista, de imediato. Não se pode dar a célebre desculpa de não saber o que estava acontecendo. Assim, as providências corretivas tendem a ser tomadas rapidamente, o que melhora todos os resultados da organização.

Todos os gerentes de vendas estão acostumados com o fato de a primeira quinzena ser mais fraca do que a segunda. Os vendedores esforçam-se mais quando a meta está chegando ao fim. Para que o resultado seja mais uniforme, é preciso subdividir as metas em semanas, estas em dias, e acompanhar os números diariamente.

O mesmo ocorre em qualquer atividade. A postergação é uma tendência natural, o problema é que ela compromete o resultado final. A informação parcelada diminui o lapso temporal da meta, subdivide mentalmente o prêmio e permite um estímulo mais eficaz.

Esses quadros suprem a deficiência do prêmio mensal. Tornam mais curtas as reações, pois elas são processadas mentalmente como se já fossem um prêmio. Atendem com conveniência à necessidade de diminuir o lapso temporal para tornar mais forte a motivação.

Resta considerar o que fazer com os programas de distribuição de lucros das empresas. O ideal seria distribuir a parcela de lucro, que se destina a participações em resultados, em programas de premiação de desempenho, com aplicação em prazos muito curtos e metas, se possível, pessoais.

Não se terá jamais um bom sistema com distribuição anual. O resultado é pior ainda se a divisão for homogênea entre todos os empregados. Isto leva o prazo de premiação a um ponto muito longínquo no tempo para produzir resultados, e a distribuição igualitária é flagrantemente injusta. Tende a produzir os mesmos resultados dos países comunistas – afinal, se todos trabalhassem bem, o país enriqueceria e todos aufeririam os lucros. Não poderia funcionar, o prazo seria demasiado longo (um futuro invisível) e a distribuição equitativa seria injusta para os que se esforçassem mais.

Assim, mesmo que houvesse interesses teoricamente coincidentes, não funcionavam corretamente os estímulos que deveriam informar essa coincidência. Não sendo percebido o interesse comum com clareza, as ações desejadas não ocorriam.

Não é incrível que empresas capitalistas ajam como comunistas na hora da distribuição dos resultados? E que ainda queiram que os empregados reajam como se estivessem sendo estimulados corretamente?

Perceba-se que não existe pregação capitalista no mundo. Os governos tentam, na realidade, distribuir vantagens para os mais fracos. É necessário intervir para melhorar as chances porque as habilidades não são uniformemente distribuídas. Não é preciso defender o capitalismo, ele é expressão da conduta competitiva natural. Todo o esforço civilizatório é no sentido de amenizar a desigualdade que se instala em todas as sociedades. Todas as tentativas socialistas amplas desandaram em grupos poderosos a usufruir privilégios, as chamadas *nomenklatura*.[18]

O capitalismo é essencialmente individualista, e exatamente por essa razão é que dá certo com seres humanos. Eles querem vantagens perceptíveis para suas ações e prêmios imediatos, nada de adiamentos.

# CAPÍTULO 10

# O TERCEIRO PRINCÍPIO

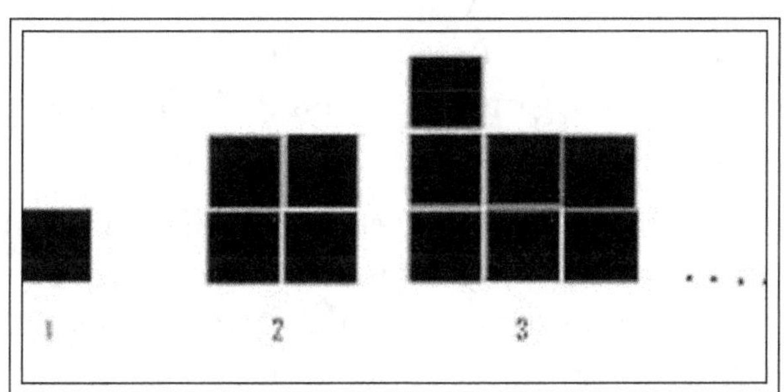


> **Quanto mais baixo o nível intelectual, pior a reação a estímulos de longo prazo**

Sobre este ponto, ouvi uma vez a seguinte observação: "Quem pode dizer que o nível intelectual de determinado subordinado é baixo? Nem sabemos mais como definir nível de inteligência, tantas são as contestações a respeito. Devemos mudar essa afirmação para nível organizacional!"

Acedi que deveríamos considerar os níveis organizacionais para definirmos o tempo de premiação, pois é evidente que na prática não há outro meio. Não está, na realidade, errado, visto que, em geral, existe uma correspondência entre o preparo intelectual e o extrato em que os indivíduos conseguem se fixar. *O princípio é que deve ser expresso assim, porque a verdade objetiva é essa.* Difícil ou não de ser estabelecida é a capacidade imaginativa, de previsão, que dá a uma pessoa condições de visualizar o futuro.

Pegue uma folha de papel e dobre-a ao meio. Repita a operação quatro vezes. Você terá uma dobradura com aproximadamente dois milímetros de espessura. Agora saia e pergunte a meia dúzia de pessoas o seguinte:

– Dobrei esta folha ao meio quatro vezes, obtive uma pilha de papel de dois milímetros. Me diga, por estimativa, quanto você acha que terá de altura a pilha de papel se eu tivesse uma folha suficientemente grande e a dobrasse ao meio 50 vezes?

As respostas serão variadas. Normalmente, quando faço esta pergunta em treinamentos, elas variam entre 50 milímetros e 1 metro. Dificilmente alguém (em geral algum aficionado por jogo de xadrez) diz: "Ah! Isto é uma progressão geométrica!".

Depois de deixar o problema flutuar um pouco pela sala, eu explico: – Pessoal, a resposta certa são milhões de quilômetros. Observe que 40.000 km são o suficiente para se dar a volta ao redor da Terra. Com 400.000 km é possível chegar à lua. Se vocês dobrassem uma folha de papel 50 vezes ao meio, isso bastaria para chegarmos à órbita de Marte. Experimente fazer a conta: 2 x 2... 46 vezes.

Esse pequeno problema demonstra a dificuldade da mente humana em fazer estimativas perante problemas com os quais não tem experiência prévia. Quando se estabelece um estímulo com um prazo longo, a capacidade de imaginar o resultado no tempo faz com que as pessoas não visualizem o que ocorrerá no final.

Tudo fica ainda mais complexo quando o número de variáveis envolvidas é grande. No nosso exemplo da folha de papel, apenas um cálculo está envolvido. Mas e se tivermos uma série de eventos concomitantes, se diversos fatores influírem, a complexidade cresce geometricamente. Esta é a razão de não conseguirmos calcular o clima com precisão. As variáveis são muitas e pequenas influências tomam vulto desproporcional, ao longo do tempo. Foi este tipo de problema que ensejou o surgimento de um novo ramo da matemática, a matemática do caos.

Tudo fica mais claro, na questão da previsão, se relembrarmos o exemplo da criança e do chocolate prometido para depois do almoço. O tempo pelo qual ela precisa esperar lhe parece infinito. É distante demais para que ela possa se manter em expectativa. É o mesmo motivo pelo qual tantas pessoas deixam de poupar o suficiente para se manterem bem na velhice. É um planejamento de longo prazo que não parece necessário realmente. A habilidade de prever o que acontecerá ao final é baixa.

Por outro lado, pessoas com maior inteligência, podem ler (*inter legere*) o livro da vida com melhor previsão. Têm mais capacidade imaginativa. Podem traçar objetivos de mais longo prazo e persegui-los, mantendo em vista seu alvo. Soma-se, então, nos indivíduos menos dotados, a incapacidade de fazer boas estimativas, junto com a inabilidade imaginativa.

## A impermanência

Há, em tudo isso, uma ilusão em que a mente humana é especialista. A ilusão da permanência. Parece que a situação presente se perpetuará. Esse sentimento é fonte inesgotável de sofrimento, visto que desejamos não envelhecer, não morrer, não perder ninguém nem nada que nos seja caro. Infelizmente, a dura realidade é que todas as coisas serão consumidas pelo tempo, nossos corpos envelhecerão, os entes queridos terão seu fim.

Esse truque da mente para evitar que encaremos a terrível verdade da impermanência de todas as coisas é o responsável pela dificuldade. Tanto mais baixa a percepção, a capacidade intelectual, mais difícil vencer com a imaginação o tempo e, projetando-se no futuro, ver-se recebendo um prêmio. Mais ainda manter-se motivado, por meio desse processo de visualização, durante todo o lapso de tempo que decorrerá até o momento final. Para a mente, parece que as condições presentes se perpetuarão. Os políticos percebem isso muito bem: os problemas presentes é que importam no discurso, o futuro é mera abstração para o povo, coisa de "economistas".

## Lapso temporal excessivo

Uma grande indústria metalúrgica observou que o plano de premiação fora concebido corretamente. As informações fluíam. Os funcionários haviam se engajado. Mas havia um problema: a distribuição dos prêmios era semestral. O aperfeiçoamento foi simples, apenas uma mudança de metodologia podia permitir o crédito mensal. O efeito motivador foi imediato.

Tratava-se da questão do lapso temporal, mas com a agravante de que se estava lidando com operários do chão de fábrica. Nesse nível, os melhores efeitos foram obtidos com premiações semanais. Ao investigar mais profundamente, observou-se que prêmios em dinheiro entregues na sexta-feira propiciavam no fim de semana. Estes tinham o efeito de dar ao empregado a sensação de haver propiciado algo mais à família com seu esforço, e a repercussão desse aplauso doméstico é forte na autoestima.

Essa questão do tempo de resposta para a obtenção de um resultado atinge fortemente as corporações, quando se trata de mudanças culturais. Mesmo que estejamos, no caso, tratando com pessoas de nível intelectual mais alto, elas também desejam obter resultados rápidos em lugar de alcançar reformas estruturais permanentes. Sobre este problema, gostaria de mencionar um caso típico.

## Mudanças culturais: a verdadeira dificuldade

Era uma corporação de boas dimensões. Um novo sistema de remuneração foi montado com nosso auxílio, visando implantar uma metodologia afinada com os interesses coincidentes. Havia um efeito interessante do ponto de vista financeiro: a estabilização dos ganhos através de fixos impedia a constante alta da folha de pagamento. Se a folha continuasse sendo calculada sob a forma de comissões, estas continuariam subindo *ad infinitum*, na mesma medida do crescimento das vendas. Permanecesse a empresa crescendo em seu faturamento, o novo sistema representaria um forte resultado de aumento de rentabilidade.

Mas tratava-se de um efeito imediato e visível, apenas uma vantagem subsidiária. Para a organização, relevante devia ser o fato de que um sistema desses tem imensas vantagens gerenciais. É um sistema que permite colocar o foco em linhas de produtos. Melhorar o clima organizacional, acabando com as punições aos bem-sucedidos, representadas por cortes de comissões ou reduções no tamanho de zonas de trabalho. Possibilidade de implantar uma meritocracia baseada em desempenho, melhorar toda a eficiência e montar um alicerce sobre o qual novos aperfeiçoamentos se tornam viáveis.

O sistema foi implantado, mas o motivador principal foi a economia. A mudança cultural foi deixada em segundo plano. Ela é mais difícil de ser percebida. Seus efeitos se estendem no tempo. Mesmo aqueles que, teoricamente, devem ter capacidade intelectual para estimativas de mais longo prazo, deixam-se levar por percepções de curto alcance.

Tendeu-se, então, a subestimar a dificuldade e o impacto das mudanças de cultura. Elas é que demandavam o maior investimento. No caso específico desejava-se que os gerentes de linha fossem capazes de instantaneamente passar de um sistema para outro. Infelizmente, isto não é muito fácil, visto que toda a empresa, durante muitos anos, acostumou-se a cobrar os gerentes por resultados de venda. É mais fácil para eles saírem para a rua e realizarem negócios. Serão aplaudidos e elogiados por essa ação de resultados imediatos. Treinar, mudar a cultura da equipe, visualizar um futuro de prazo mais longo não foi uma habilidade que a empresa se empenhou em construir nas mentes de seus gerentes. Aliás, se algum deles pensasse em agir assim, seria imediatamente punido pelo método vigente de avaliação, o qual apenas contemplava resultados imediatos.

Como conseqüência, os resultados, embora fossem bons, estavam muito aquém das reais possibilidades. Na tentativa de economizar e vendo um processo cultural como uma operação financeira, funcionários ligados aos departamentos financeiros e de RH foram encarregados de prosseguir com a implantação, em vez de uma equipe de alto nível. A fórmula correta seria a criação de uma equipe de consultores internos, selecionada e treinada para implantar a mudança cultural; a consultoria externa apenas auxiliaria em termos conceituais seus executores. Porém, para que assim agissem, seria necessária essa visão de longo prazo.

Se é assim, à medida que as condições intelectuais decrescem, aumentam as dificuldades com percepções ao longo da linha do tempo. Que elas só são boas quando as experiências anteriores esclarecem seu caminho natural. Desta forma, deve-se estabelecer critérios de premiação – e de punição – tão curtos quanto for possível controlar de forma razoável.

Nos níveis superiores, podemos assumir que o pessoal da direção tem capacidade de previsão suficiente para ser motivado por bônus anuais ligados à lucratividade geral. Este critério, porém, é ineficiente, um desperdício de recursos, nos escalões mais baixos.

Quanto à mudança cultural, seus efeitos e dificuldades são difíceis de serem percebidos, mesmo pelas pessoas aparentemente mais instruídas. Nunca será excessiva a pregação das ideias que fundamentam a mudança organizacional. Mesmo assim, é de se esperar inúmeros avanços e retrocessos, pior ainda, dificilmente se obtém uma duradoura alteração de cultura sem que os indivíduos inflexíveis, comprometidos com os processos anteriores, sejam removidos. Eles lutarão pelo princípio expresso pelo personagem de Thomaso de Lampedusa, em *O Leopardo*:[19] "É preciso mudar para que tudo permaneça como está".

# CAPÍTULO 11

# O Quarto Princípio

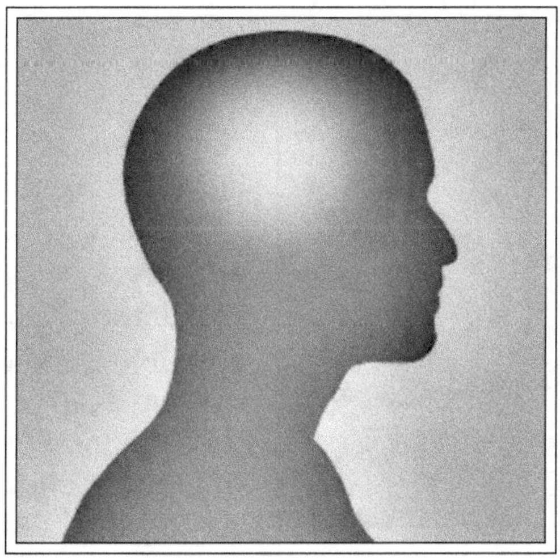



As imagens mentais são poderosas fontes de acontecimentos. Um homem que deseja algo costuma imaginar-se de posse do objeto de sua ambição. Naturalmente, ocorre-lhe imaginar quais passos deve empreender para alcançá-lo. Tudo se torna tão real em sua mente que suas palavras passam a expressar seus sonhos. As palavras movem as pessoas ao seu redor, e oportunidades de realização tendem a aparecer. Quando as condições para agir estão maduras, ele também está. Aquilo a que chamamos de sorte não passa, muitas vezes, da capacidade de estar apto a aproveitar a oportunidade quando ela surge. Nesse momento, a imagem mental, o mero pensamento, transformou-se em realidade.

Dessa forma, os acontecimentos previstos podem tornar-se um fato apenas pelo poder do que chamamos de *profecias autorrealizáveis*.

Esse fenômeno é muito comum no jogo das bolsas. Alguém diz que tal ação vai subir, alguns acreditam e passam a comprá-las, as ações sobem, cumprindo a profecia, que também, é lógico, funciona no sentido oposto.

Lembro-me da resposta de um famoso montanhista. Perguntaram-lhe:

– Por que você pretende subir esta montanha?

Ele respondeu:

– Porque ela está lá.

Ele havia criado uma imagem mental de desafio. Queria estar lá no alto do pico, ver a paisagem a seus pés, saber que havia superado seus limites. Após haver acalentado o sonho, energias internas se puseram em ação, e ele um dia se viu com a montanha inteira abaixo de si. É difícil, então, precisar cada pequeno passo que o levou até ali. Mas ele chegou. Tudo começou com a imagem mental que ele foi incrementando ao longo do tempo.

As vitórias se iniciam assim. Os crimes também. Pequenos conceitos acumulados transformam uma sociedade. Uma tolerância aqui, uma impunidade acolá e, de repente, nos surpreendemos com a presença da criminalidade. Ela começa aqui mesmo, dentro das mentes de todos. Dos sonhos e infrações coletivos. De uma construção cultural. De valores que introjetamos, tais como a colocação da posse de bens materiais como objetivo último e medida do sucesso de um indivíduo.

Se tivéssemos uma sociedade em que os heróis fossem aqueles que houvessem superado o seu ego... Ou em que pessoa admirada fosse aquela que não se deixa levar pelas emoções de raiva... Então, os hábitos de pensamento tenderiam a ser diferentes. Os objetivos pessoais seriam outros e também a sociedade se tornaria mais pacífica.

Parece utopia que haja sociedades capazes de ter baixíssima transgressão, mas não é. Numerosos estudos antropológicos, ou as simples estatísticas, demonstram que as sociedades budistas do sul da Ásia, que valorizam o comportamento pacífico, tendem a ter menor índice de agressões que nossos grupos competitivos ocidentais.

É um problema ocidental? Não, não é. Nas comunidades *amish*,[20] assim como os mórmons,[21] nos EUA, o índice de crimes é incrivelmente menor do que nos grupos que os rodeiam. A diferença entre um tipo de convivência social e outro está nos valores incutidos desde a infância, nas tradições e crenças que cultuam, o que confere ao indivíduo um forte desejo de ser aprovado pelo seu grupo, que valoriza determinada ética de comportamento.

As imagens mentais nesses grupos privilegiados são construídas com método.

É importante ressaltar a doutrinação, que começa na infância mais remota. A continuidade das reuniões reforçadoras da doutrina através de toda a vida adulta. O poderoso papel da aprovação social no comportamento. Todas essas coisas ficam impregnadas na mente como metas pessoais a serem atingidas. O indivíduo, nesses grupos, assume a meta de ser aceito socialmente por estar de acordo com a filosofia dominante. Aceita como meta final na vida alcançar algo. Salvação, entre os cristãos e muçulmanos; construção de um bom carma[22] entre os budistas, espíritas ou hindus.

Vemos, assim, que as metas, os objetivos mentais, que essas comunidades introjetaram deram aos seus componentes uma vacina contra os comportamentos tidos como inevitáveis na sociedade moderna. Nada impede, portanto, a criação de uma filosofia única, a pregação de determinadas atitudes a toda a sociedade, por todos os meios, um efeito restará no fim.

## Sectarismo nas empresas

Dentro das empresas, muitas vezes, criam-se duas sociedades com códigos diferentes. Uma, a dos funcionários, em que o padrão de aprovação é lealdade ao grupo em oposição à lealdade às chefias. Basta observar que o modelo mais execrado é o do *puxa-saco*, aquele que quer agradar os chefes. A outra comunidade, a dos patrões e superiores, que se enxerga com outra ideologia e tem dificuldade de compreender o funcionamento do grupo de subordinados. Seu modelo é o do chefe inacessível, que come em  restaurante especial, veste-se diferente, mantém um ar estratosférico. É um grande desafio colocar todos na mesma direção, mas pode ser conseguido com metas comuns e com a devida atenção ao princípio dos interesses coincidentes.

Isto nos leva à conclusão de que as empresas também podem criar suas próprias metas culturais. Algumas já o estão fazendo. Vemos surgirem aqui e ali lideranças e ideologias dentro de grupos empresariais. Cada vez mais, eles se parecem com mandamentos religiosos. As listas de objetivos afixadas são belos compromissos éticos. Se estão nas paredes como mero enfeite, é outra coisa. Já vi até empresas que os escondem:

– Não coloque lá, os trabalhadores vão começar a ler isto e nos cobrarão coerência!

Mas, outras vezes, estão sendo levadas a sério. Terão efeito pelo menos a longo prazo, à medida que todos começam a pensar que a boa empresa é aquela que é socialmente responsável, não a poluidora, não a que persegue qualquer lucro mesmo em detrimento de seus clientes. Este é o motivo pelo qual não há futuro a longo prazo para a indústria de cigarros, porque ela entra em conflito com a consciência reinante e em ascensão.

As colocações anteriores explicam por que a simples implantação de uma meta tem capacidade de mover pessoas, sociedades, empresas. Elas têm a virtude de apontar um rumo e, por conseguinte, propiciar a criação de imagens mentais. Essas visualizações constroem o mundo do futuro. Desenham suas nuances, encaminham as ações que gerarão os acontecimentos. Os meios de comunicação e a interação entre as pessoas tendem a maximizar, multiplicar os efeitos. Geram por si mesmos novos acontecimentos que produzem novas notícias em um círculo autoimpulsionado.

Este é mais um motivo para enfatizar que não basta dar metas. Elas precisam ser bem acompanhadas, ter constante atualização do ponto ao qual chegamos, porque isto cria um reforço virtuoso. E existe um ápice, que é o cume da montanha para o alpinista. Este é o prêmio. A premiação é um reforço muito grande para a meta, mas sua não existência não retira o poder das metas como motivadoras.

## Prêmios e símbolos de sucesso

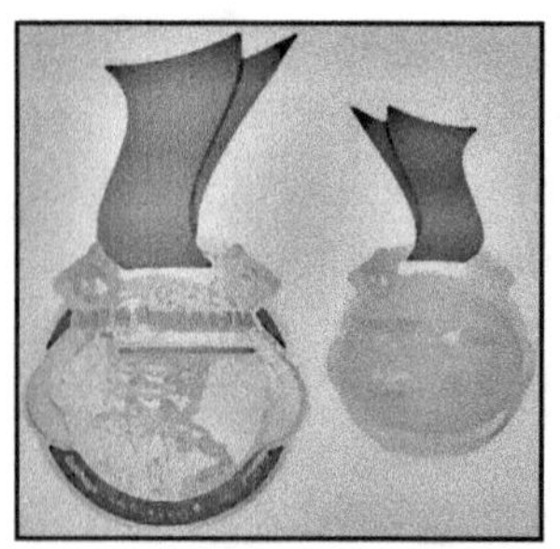

Estava um dia diante de uma mesa coberta de medalhas, troféus, envelopes com cheques-prêmio. A meu lado, o diretor presidente da empresa. Era a primeira vez que aquilo acontecia, os gráficos do mês já mostravam os resultados do sistema que havíamos montado. O presidente me olhou e expressou sua dúvida:

– Isto funciona mesmo? Eles dão valor a estas medalhas?

Respondi:

– Eles se matarão por elas. Observe as reações quando as distribuirmos aos vencedores.

Ao fim da festa, ele não tinha dúvidas. Vendedores são ainda mais expansivos que quaisquer outros – quando movidos pelo entusiasmo, sabem demonstrar o que sentem.

O fato é que os prêmios são também, eles mesmos, metas. Há os objetivos traçados, mas existe, além de tudo, um alvo. Aquele que chega ao objetivo quer receber um símbolo. E, melhor ainda, que o símbolo, que permanecerá como lembrança de sua vitória, a compensação de seus esforços, seja sob forma de algo palpável que ele possa levar para casa.

O reconhecimento do grupo familiar é poderosíssima fonte de estímulo. Homens e mulheres, embora com algumas diferenças superficiais, querem obter valor através de suas realizações. Querem aumentar sua autoestima, ver nos olhos dos que os cercam o brilho do reconhecimento, da admiração.

Se os prêmios são metas adicionais, a competição por eles aguça outra característica nossa: o desejo de nos destacarmos dentro do grupo. Aqueles que se destacam obtêm outra forte estimulação. A ela se soma o desejo de repetir a façanha e de conservar-se no topo. Veremos que os campeões tendem a conservar seu posto. Dentro de uma equipe de vendas, um grupo de alto desempenho sempre existe e raramente é deslocado de sua posição dominante.

Essas vitórias são ilusórias e impermanentes? Sim, mas no âmbito filosófico, em que o tempo de medida é a própria vida. Na realização profissional, elas duram o suficiente para provocar muitas mudanças. As empresas podem usar essas energias para canalizar nos indivíduos os impulsos de serem ganhadores, líderes, campeões, provocando grande aumento de eficiência.

Observemos as energias investidas pelos que torcem por times de futebol. Há um processo vicário nisto. O torcedor observa o seu time como se fosse um apêndice de seu próprio ego. Quando seu time ganha um torneio, ele diz: “Eu sou campeão!” Pessoalmente, na verdade, ele não ganhou nada, apenas transferiu a si mesmo para a entidade “clube”. No entanto, o sentimento de euforia está ali presente, dentro de si. Quando perde, o torcedor se deprime pelas mesmas razões. O clube em si nada mais é que uma ficção, um sonho que se torna realidade através dos símbolos, das cores, da bandeira, do nome. Pertence à categoria das coisas que giram em uma roda implacável, ora está em cima, ora em baixo. Ganha, perde, passa por crises, sua instabilidade é a fonte principal das emoções que acompanham o torcedor. A própria possibilidade de derrota é a causadora da euforia da vitória.

Todas essas forças emocionais são as mesmas que, devidamente canalizadas, permitem colocar um grupo de pessoas atrás de uma meta, de prêmios. Elas estão aí flutuando no mundo, direcionadas para times esportivos porque não foram açambarcadas antes por outro objetivo atraente qualquer. Se formos capazes de gerar metas para as quais as pessoas desloquem parte de seus egos, poderemos desviar essas energias emocionais para uma mesma direção. Por esta razão, as metas têm de:

- ser críveis;

- ser coerentes com os objetivos;

- ser motivadoras emocionais fortes.

- ser acompanhadas por símbolos como fazem os clubes;

- conceder prêmios para a sua consecução.

# CAPÍTULO 12

# O Quinto Princípio

> **Quanto menor o controle exercido pelo estimulado na execução de sua meta, menor o efeito do estímulo**

Quando se estabelece uma meta para uma empresa inteira, cada um dos indivíduos tem dificuldade em perceber o efeito de seus atos no universo considerado. Isto é um dos fenômenos que ocasionou o mau desempenho dos países comunistas.

Se nos pusermos a ler Marx,[23] veremos o idealismo que permeava sua proposta. Queria um mundo em que todos se esforçassem para o bem comum. Um mundo em que os homens, libertos da tirania de um sistema em que alguns dominavam os meios de produção, pudessem ter tempo livre para se dedicar a ser criadores, seres socialmente mais evoluídos.

Entretanto, os homens disponíveis para as experiências não conseguiam perceber o resultado de suas ações em toda a economia. Era como pedir ao agricultor da Ucrânia que se esforçasse hoje para suprir melhor a União Soviética inteira. Ele não conseguia ver o efeito de sua ação. Além disso, percebia instintivamente que todos os outros trabalhadores se deixariam levar pela preguiça como ele.

Por quê? Porque o prêmio da preguiça é o descanso, e ele vem imediatamente. Este é o efeito do lapso temporal que já examinamos. Além disso, o bem comum pode ser compreendido facilmente, mas o universo considerado era demasiado vasto para o agricultor ucraniano. Os efeitos de seu trabalho eram imperceptíveis para ele. Seus esforços estavam perdidos em miríades de fragmentos de outros semelhantes, em todo um vasto campo de estepes. E o tempo, então, para se atingir o paraíso socialista? Afigurava-se ainda mais distante que a própria morte.

Observe as pessoas que deixam cair lixo no chão. Acaso elas não gostam de estar em lugares limpos? Com certeza, mas lhes parece que o mundo é grande demais, que seu ato é pequeno diante da imensidão de planos, que aquele não é o seu chão, mas um território que não lhe pertence. Uma grande doutrinação pode funcionar; se apoiada por repreensões imediatas, melhor ainda.

As dificuldades dos grandes sistemas são bem claras quando podemos comparar com pequenos universos. Se damos a um funcionário uma mesa para trabalhar, ele, por territorialidade, fenômeno impresso em seu cérebro reptiliano,[24] o segmento mais primitivo de seu córtex, assume a mesa como sua propriedade. Dada uma meta de organização do local de trabalho, como a do conhecido método 5 S,[25] o funcionário tenderá a manter sua mesa bem arrumada. A razão é que, além de entendê-la como sua, ele pode ver o resultado de sua ação instantaneamente.

Também, seu controle do universo considerado, a mesa, é bastante grande, ele a vê constantemente, sabe que a chefia também, e pode agir sobre ela a todo momento. É a situação oposta do nosso agricultor ucraniano coletivizado. O tampo da mesa era a URSS inteira, ele não podia "ver" os efeitos de sua ação. Ninguém podia verificar também, com facilidade, seus pequenos atos, eles eram invisíveis. Motivo pelo qual nem prêmios, nem punições eram possíveis. As recompensas e castigos acabavam sendo políticos, valia a opinião do comissário do partido. Opiniões subjetivas, tornando tudo ainda mais confuso. Se a avaliação é política, o segredo não é ser eficiente no trabalho, mas estar bem com os que detêm o poder de avaliar nas empresas, os chefes.

Para o nosso agricultor coletivista, o lapso temporal para a obtenção de prêmios, uma vida melhor, para todo o país era talvez mais extenso que sua própria vida. O resultado de todos esses fatores era a percepção de que suas ações eram insignificantes dentro daquele vasto universo. Muito mais difícil ainda de enxergar do que a garrafa atirada na grama de um parque. Se esse comportamento é difícil de ser suprimido, imagine-se a dificuldade para encorajar aquele homem atirado entre horizontes, no solo da Ucrânia.

Aí está o motivo pelo qual estabelecer uma meta para uma empresa inteira torna tudo mais difícil. A percepção é pior porque o universo considerado é grande. Parece que as ações se perdem dentro daquele imenso conjunto de variáveis. A verificação é comprometida pelo tamanho do território a ser considerado. Os empregados se sentem apenas cumprindo tarefas, sem perceberem o seu efeito no conjunto. Se acaso se obtém um prêmio, dado aos funcionários da corporação inteira ao final do período, ninguém sabe o que fez exatamente para alcançá-lo, assim, não há uma boa retroalimentação que reforce o comportamento desejável.

Desta forma, o que se deve fazer é dividir o máximo possível a meta geral da organização. Separá-la, se possível, em metas individuais ou de pequenos grupos.

## Itens de controle

Providenciar itens claros de controle que permitam a verificação dos resultados, de preferência instantaneamente. Assim, o agente tem um pequeno território onde exerce sua ação. É o caso da mesa – ele sabe com clareza que tem grande poder de interferência sobre aquele tampo que está todos os dias à sua frente. Se o tampo está desorganizado, todos com certeza sabem de quem é a falha.

É como assistirmos a um jogo de tênis. Há grande esforço porque o jogador vê os efeitos imediatos de todos os seus atos. Não pode dividir o erro com ninguém. A responsabilidade final é dele. Já o xadrez tem a fama de deixar os derrotados deprimidos, e a razão é que não se pode reclamar nem do juiz, nem da raquete. Se você perde um jogo de xadrez, é derrotado por sua incompetência em resolver problemas mecânico-espaciais, por não ter capacidade estratégica e tática superior à do adversário. Ponto final. Não há escapatória. Os efeitos de suas jogadas no tênis e no xadrez são individuais.

Do outro lado, a grande jogada que envolve uma economia inteira. É um time de milhões. Muitos com quem dividir a culpa, responsabilidade diluída. Verificar os resultados das suas ações, então, é impossível. As empresas ficam a meio caminho, mas as condutas são parecidas com as dos cidadãos, uma vez que o âmbito de atuação é amplo demais para a percepção de um ser humano normal.

## A matemática do caos

O ramo da matemática que estuda o caos é relativamente novo. Só se tornou possível graças aos computadores. De repente, pudemos ver que os sistemas demasiado complexos padecem de imprevisibilidade natural. Acreditávamos que, se tivéssemos suficientes informações sobre determinado conjunto de variáveis, poderíamos prever todas as decorrências de suas interações. Poderíamos prever, com precisão, o clima, por exemplo.

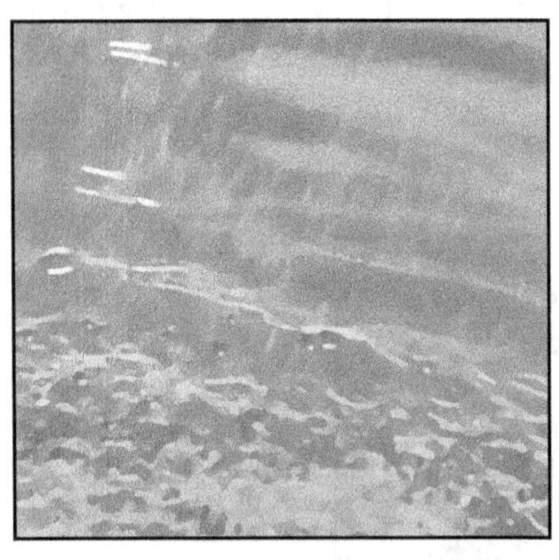

Os próprios computadores se encarregaram de demonstrar o erro. Uma alteração na vigésima casa após a vírgula, em apenas uma variável, é capaz de alterar radicalmente o resultado. Um homem espirrando no Chile pode provocar uma tempestade no Peru. Parece absurdo, mas é por isso que o clima é imprevisível além de um curto prazo. Pode-se apenas calcular a probabilidade de ocorrência de um evento desses na atmosfera terrestre. E a chance de acerto após cinco dias é irrisória.

Os grandes sistemas são imprevisíveis a longo prazo. Se fôssemos falar com o chileno, ele diria:

– Eu? Vocês estão loucos!

Da mesma forma, cada pessoa em uma organização se acha muito pequena para que se lhe atribua o poder de realizar mudanças significativas. No entanto, todos os funcionários somados fazem a empresa ser boa ou ruim. O desafio é levar os estímulos planejados a fazerem com que os interesses coincidam, para que todos se sintam responsáveis pelos resultados finais. Para tanto, o universo considerado para cada indivíduo deve:

- *Ser tão pequeno que o agente sinta que suas ações realmente funcionam naquele espaço.* Reduza o âmbito de sua meta a tal ponto que cada homem sinta que aquele território é seu e sobre ele tem grande domínio. Você colocará o sentimento primitivo da territorialidade para trabalhar a favor da meta. (Território, aqui, pode ser uma abstração, como um produto, um objetivo numérico ou uma marca.)

- *Criar itens de controle que permitam o acompanhamento mais acurado possível.* Isto serve tanto para a empresa quanto para que o funcionário possa "ver" o resultado de suas ações. Assim, ele se sentirá no controle dos resultados. Terá retroalimentação das informações que dizem, a cada momento, se está agindo bem ou mal em relação ao objetivo assumido.

- *Colocar todos os recursos de premiação nos pequenos universos.* Tome esses recursos que foram desenhados para dar participação nos lucros e coloque-os para estimular as metas dos menores universos controláveis.

O fato é que o mecanismo chamado *distribuição dos lucros* não passa de uma contaminação socialista em uma sociedade capitalista. Ele parte do princípio de que os lucros são uma vergonha indevida. Por esse motivo, chegou-se a inscrever a participação nos lucros dentro da Constituição Brasileira de 1988. Uma dessas tentativas tresloucadas de criar o bem a partir das leis. A Constituinte, ao expressar a teoria vigente entre os partidários da esquerda, queria que os empregados ficassem com algo que o capital explorador lhes havia roubado. Tese que provém da teoria da "mais valia" de Marx.[26]

Embutido nela há um erro de raciocinio, já que o mérito do capital está em correr riscos. Ele adianta remuneração aos empregados, mesmo que esteja tendo prejuízo. O lucro é o prêmio do capital por arriscar-se a desaparecer. A alta mortalidade das empresas, 80% nos primeiros três anos de vida, mostra o quanto criar uma empresa é temerário. Há uma troca em que o risco fica com o capital e a renda é adiantada ao trabalho. A compensação posterior é o lucro. Esta é a lógica do capitalismo; misturar os dois sistemas só pode dar confusão.

Mas, por outro lado, defendemos neste livro que vale à pena, para o capital, gastar parte de suas rendas para criar métodos de estimulação. Métodos que utilizarão parte das receitas empresariais. Milagrosamente, um sistema de estimulação atento ao princípio dos interesses coincidentes tem o poder das sementes, a capacidade de gerar muito mais do que o seu tamanho permite supor.

O sistema de metas e premiações multiplica a eficiência de todos os empregados, fazendo com que a empresa lucre muito mais ainda. Não se trata, portanto, de distribuir lucros para aplacar consciências, mas de investir na transformação da sociedade empresarial obtendo-se retornos imediatos.

Assim, a distribuição de lucros pode ser feita de diversas formas. Dividida em muitas metas pequenas com seus prêmios. Não de forma institucionalizada, como gratificação de produtividade, decidida por juízes e em confronto com sindicatos. Mas como uma parcela das receitas dedicada a transformar os interesses de todos em aspirações convergentes. Dinheiro a serviço do crescimento da produtividade, porém distribuído de forma inteligente e estimulante, jamais com uma uniformidade mediocrizante, herança de ideologias que não passaram no teste prático da história.

# CAPÍTULO 13

## SISTEMAS DE TREINAMENTO

Um violino tem quatro cordas. Quando vibradas, por meio da fricção de um arco guarnecido de crina de cavalos, elas produzem sons. Esses sons não são muito fortes, mas, quando amplificados por uma caixa de ressonância, muito bem construída, podem ecoar belos e intensos. A confecção da caixa incluiu refinamentos como diferentes madeiras para o tampo e o fundo, e até um dispositivo minúsculo chamado "alma", que ao ser ligeiramente movido muda o caráter do timbre.

Nas mãos de um grande executante, o resultado é espetacular; ao mesmo tempo, se for tocado por um iniciante sem sensibilidade, um violino pode se transformar em um instrumento de tortura. Qual é a diferença entre o iniciante de talento e o *virtuose*? O treinamento. O mesmo ocorre nas outras atividades humanas. Acontece, porém, que não ficamos atentos ao mau trabalho. Não reclamamos da péssima execução. Toleramos que o mundo ande desafinado. Mas as empresas têm a possibilidade de treinar, formar, afinar seus instrumentistas. Podem reciclar tudo.

Devemos atentar primeiro para o fato de que, em virtude da aceleração das mudanças, não podemos mais esperar que a sociedade nos forneça trabalhadores treinados adequadamente.

O sistema escolar foi iniciado para atender às necessidades de um mundo que se industrializava. La Salle,[27] por exemplo, compreendeu que podia reunir seus alunos em classes e montar uma produção em escala de alunos educados, um método bem diferente daquele que os aristocratas usavam.

Os únicos que tinham escolas, há séculos, eram os judeus, que, por ser um povo do "livro", ensinavam seus meninos a ler. Praticavam o ensinamento da leitura em escolas, as *yeshivás*, e a vantagem que obtiveram com essa conduta foi esmagadora. Durante toda a Idade Média, o povo judaico foi o único grupo étnico que contava com instrução regular. Não é de se admirar que fossem odiados pelo seu sucesso. Eram os matemáticos, os astrônomos, os financistas, os médicos. Até hoje certa vantagem permanece, uma vez que metade dos Prêmios Nobel de Medicina foi concedida a judeus. Nos Estados Unidos, universidades limitaram a percentagem de alunos israelitas, uma discriminação incrível, uma "ação afirmativa" ao contrário.[28]

Mas esse sistema de produção industrial da educação está hoje em agonia. Apresenta sérios defeitos para as necessidades atuais. Na época em que foi criado, uma instrução padrão facilitava tudo. As habilidades que, em geral, se faziam necessárias eram as mesmas. A escola funcionava como uma fábrica, produzia alunos disciplinados, uniformemente treinados, habituados à rotina e ao horário. Tudo o que a indústria demandava.

O mundo atual exige pessoas com competências diferentes e complementares, criativas, flexíveis, capazes de pensar e, de preferência, não conformistas. Pelo contrário, precisa-se de seres mutantes, de violinistas capazes de executar diferentes partituras.

Seja orquestra ou empresa, precisamos de gente capaz de se adaptar continuamente às alterações que se sucedem com grande rapidez. Mas os governos só conseguem montar um sistema escolar do tipo industrial, que se concentra apenas no que é básico. Quando o funcionário chega à empresa, precisa ser treinado.

Mais ainda, como as circunstâncias, os equipamentos, enfim, tudo se altera sem parar, o treinamento precisa ser ininterrupto. Portanto, a empresa deve procurar admitir pessoas com boas habilidades básicas e ter um sistema permanente de treinamento voltado para as suas necessidades.

Até agora, as empresas, com as exceções de praxe, têm considerado que treinar é contratar palestras, cursos, seminários, e dar aos empregados a oportunidade de participarem. O resultado é um treinamento descosido, um retalho de teorias e de conhecimentos que não se aplica à vida real da organização. Como palestrante, já ouvi de um grupo de gerentes a seguinte frase:

– Olhe, estamos adorando o que o senhor está dizendo. Mas quem tinha de estar aqui ouvindo é nossa diretoria. Vamos aprender tudo isto e, quando voltarmos, vai ficar tudo como está.

Na realidade, o treinamento só estava servindo para mostrar a eles o quanto a empresa era mal dirigida. Os diretores imaginavam que não precisavam aprender nada, que o problema estava ali, na cabeça dos subordinados.

Sendo assim, vamos imaginar como deveria ser um sistema adequado. Ele deve, sim, estar de acordo com o princípio dos interesses coincidentes. Senão, teremos aqueles caríssimos treinamentos que são encarados como férias pelos alunos. Hotéis (para tirar os funcionários do ambiente), esportes (para que aprendam a trabalhar em equipe) e, no fim, um resultado prático impossível de ser medido.

## Treinar para executar

Devemos reconhecer que o propósito é treinar os funcionários para que exerçam melhor suas tarefas. Para que ajudem a organização. Este é o interesse da empresa. Para os alunos, o treinamento deve representar a oportunidade de crescimento profissional, chance de ganhar mais. Todo o sistema tem de ser montado sobre essas bases de sensatez.

Se pretendemos treinar o pessoal para ser mais produtivo, temos de assumir que não poderemos deixar de fazê-lo, já que o progresso precisa ser contínuo. Do outro lado, o ensino precisa ser constantemente atualizado, uma vez que os processos estão em permanente mudança. E, também, quando ministramos um treinamento, estamos ensinando para operar a empresa, não para dar conhecimentos gerais.

Uma vantagem de um ensino focado nas necessidades operacionais é vincular mais fortemente o empregado à corporação, diminuindo o giro de funcionários, pois admissões e demissões têm alto custo.

Então, um bom sistema de ensino corporativo, que pode vir a ser uma "Universidade Corporativa", deve:

1. *Ser um sistema interno, com direção de ensino, professores especialmente treinados e continuamente reciclados.* Os melhores executivos devem participar, ministrando aulas. Precisam ser premiados por esse trabalho, pois, se não houver valorização, não haverá interesse coincidente e todos alegarão que não têm tempo. É excelente oportunidade para a chefia ouvir os subordinados, avaliá-los, saber detalhes que ficam obscurecidos durante o trabalho regular. No estudo de "casos" internos, as empresas descobrem coisas que não imaginam. Não vamos nos esquecer de que, frequentemente, as consultorias são contratadas para que a direção seja informada de coisas que a faxineira sabe, mas que ela não tem como expressar com propriedade e fundamentação lógica.

2. *Ter instalações adequadas de uso regular.* Podem ser locadas, os professores podem passar por diferentes filiais, mas é preciso ter uma sede em algum lugar, as salas de aula não podem ser "soltas" dentro da empresa. Se você quiser ter uma universidade, dê a ela o prestígio correspondente, não a subordine a um gerente de RH. Uma universidade tem um reitor, um magnífico reitor, não um gerente de treinamentos.

3. *Os professores precisam ter muito bom nível.* Pode-se contar com consultores, professores convidados, professores visitantes, mas deve haver um corpo regular permanente e que oferece cursos regulares. Não coloque pessoas sem legitimidade para dar cursos. Gente de fábrica, por exemplo, não tem credibilidade para dar treinamento a vendedores; eles não reconhecerão um teórico que nunca enfrentou um cliente, não passou por seus problemas. Professor precisa ter vivência prática dentro do que está ensinando. Os cursos na empresa precisam ser voltados para a ação imediata, não para delírios teóricos.

4. *Os cargos devem ter um programa de formação.* Um vendedor precisa fazer o curso de *merchandising*; um gerente, o de liderança de equipes. Cada função necessita de uma bateria de habilidades e de conhecimentos, uma vez que o objetivo dos cursos é fornecer essa bagagem da forma mais completa possível. Especifique o número de aulas anuais a que cada cargo tem de assistir.

5. *Os cursos não podem ser apenas para "comparecer".* Os conhecimentos precisam ser testados, as notas e a aprovação farão parte do desempenho, vão para a ficha funcional, instruem o sistema de promoções, a avaliação funcional. Quem não tem bom aproveitamento deve ser reprovado, pois, afinal, promoção é uma peneira para selecionar os

mais capazes. Este comportamento, se bem explicado, provoca denodo, aumenta o sentimento de mérito e diminui a subjetividade das promoções. Isso garante uma melhora espetacular na maneira de pensar, e no esforço também. Já que os cargos superiores são limitados, só têm acesso a eles os que possuem melhor formação, os que obtêm melhores resultados nos cursos. Os pares sabem quem, no seu grupo, é o melhor candidato a uma promoção.

6. *Os cursos de cada cargo determinam a formação mínima.* Após algum tempo, a empresa operará de forma a que só ocupe um cargo quem já fez as disciplinas de formação para ele. Quem ocupa um cargo de gerência está fazendo os treinamentos para a função de gerência divisional, por exemplo.

7. *Os treinamentos devem ser práticos.* Não podem ser teoria pura. Devem resolver problemas efetivos da empresa. Devem funcionar como um MBA corporativo, incluir estudo da concorrência, as melhores soluções mundiais no ramo, apresentação de teses, sua defesa, e mesmo sua aplicação prática. Assim, o curso funciona como um departamento de pesquisa, uma consultoria interna. Um consultor externo pode, ao ministrar um curso, usar a equipe interna no estudo, preparar a solução, instruir a implantação em um caso real, com grande economia de custos.

Como vimos no início, o violinista precisa ser bem treinado porque, em uma orquestra, o maestro a todo momento pode detectar qualquer erro. Existe aí a possibilidade de retroalimentação (*feedback*) imediata. Um método de avaliação frequente melhora muito o desempenho, desperta o desejo de acertar, como o de um músico em uma orquestra. Simultaneamente, o timbre do sistema de treinamento é definido por uma "alma" interna. Da mesma forma que em um violino.

Dentro de uma empresa, esse espírito é determinado pela maneira como a direção enfatiza o ensino. Quanto mais ela o valorizar, mais expressivo será o resultado obtido. Para isso, a presidência deve encarar a Universidade Corporativa como a joia da coroa.

Representa a possibilidade de criar pessoas com formação específica para sua organização, comprometidas com um plano de carreira, interessadas em reciclar ideias, com forte espírito de grupo e, no fim, com preparo para o cargo imediatamente superior. As admissões e demissões cairão, a produtividade subirá, os funcionários verão com mais clareza que os interesses da empresa vão ao encontro dos seus. Verão que o som final da orquestra depende dele também, que ninguém pode desafinar.

# CAPÍTULO 14

# A MERITOCRACIA

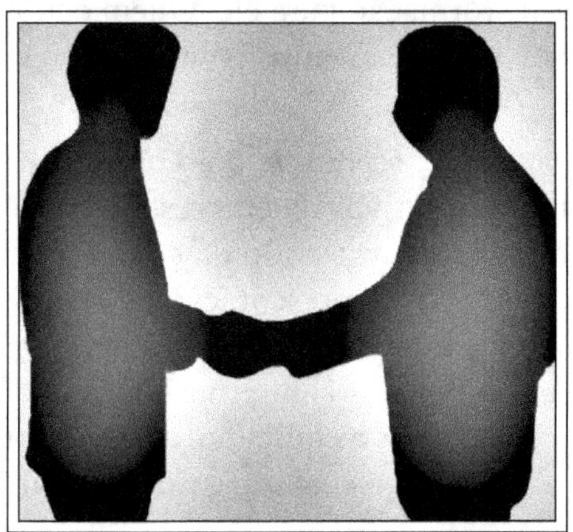

O vendedor expressava sua decepção com suas chances futuras na companhia:

– Pois, olhe, não tenho a menor ideia de como eles decidem as promoções. A gente nunca sabe de nada, é tudo surpresa. Tem até o caso de quem é promovido, todo mundo sabe que não vai dar certo, e depois que descobrem o fracasso rebaixam o cara para a função anterior, mas não podem mais mudar o salário. Fica uma bagunça completa.

Parece algo insólito, não é? Porém, é um relato real. É inconcebível que grandes empresas ainda mantenham esse grau de subjetividade como método de promoções. Não há sinal de interesse coincidente entre essa atitude gerencial e os objetivos da organização. Seria bom examinarmos a razão, onde estão as forças que fazem com que tal conduta sobreviva.

Mais uma vez, o modelo menos recomendado é o da administração pública e seu processo de nomeações em cargos ditos "de confiança". É bom examiná-lo com atenção porque as motivações internas são as mesmas em ambos os casos.

O principal motivo pelo qual alguém é nomeado para um cargo "de confiança" está implícito na expressão. Não se trata, em absoluto, de selecionar alguém competente. O objetivo é ter alguém, em uma posição que detém algum poder, que não hesitará em apoiar, em qualquer circunstância, aquele que o indicou para o cargo.

Obterá facilidades para o que, ou para quem, o chefe pedir e, importantíssimo, criará todas as dificuldades possíveis para aquilo que não interessar a seu padrinho. Desta maneira, ele potencializa o poder do chefe. Isso significa que, a uma palavra sua em uma dada direção, as coisas se resolverão magicamente, enquanto a uma palavra igualmente sua, porém na direção oposta, obstáculos burocráticos invencíveis se erguerão no caminho de seus desafetos. Este é o motivo pelo qual os políticos tanto lutam por nomeações. Ter cargos à disposição e nomear sua gente para ocupá-los é aumentar sua área de poder na máquina pública.

É evidente, portanto, que interessa ao bem público que os cargos de nomeação por indicação sejam reduzidos ao mínimo. Basta transformar o máximo possível de cargos de confiança em funções técnicas com contratação profissional. É importante notar aqui que a estabilidade em cargos funciona contra o princípio dos interesses coincidentes. Nada melhor do que saber que não pode ser dispensado para reduzir o esforço de alguém ao mínimo. O prêmio aqui é o que se chama de *sinecura*, um cargo com remuneração razoável, o mínimo de exigência e, ainda por cima, permanente. Como já demonstramos, regras para interesses coincidentes têm de trabalhar as duas pontas da questão. Prêmio pelo desempenho que se deseja e punição imediata para o comportamento que seja inconveniente para a organização, seja pública ou privada.

Ora, dentro das empresas, as chefias tentam manter dentro de suas atribuições a escolha dos que preencherão as funções. A situação é muito melhor que no serviço público, pois ali existe um interesse em competência, mas muitas vezes há contaminação. Escolhas são motivadas por simpatia, tradição de lealdade pessoal, confiança, enfim, por uma variedade de razões. Observa-se a mesma motivação existente nas nomeações políticas. A diferença é o grau de intensidade.

Assim, interessa às organizações privadas criar sistemas que substituam as escolhas eivadas de interesses pessoais por outras que visem promover os funcionários competentes. Uma vantagem subsidiária é reduzir os compromissos espúrios de origem pessoal e aumentar os vínculos com o processo de escolha por mérito. Este, sim, de interesse fundamental para a empresa. Como deveria ser um sistema assim?

# Regras para uma meritocracia



A escolha tem de ser profissional, de preferência por um departamento de RH que o faça a partir de critérios técnicos. As seleções por psicólogos são, em média, muito mais confiáveis que as escolhas feitas em entrevistas pelos próprios executivos. Os enganos são normalmente cometidos por erro no perfil desenhado. Algumas empresas pedem um profissional criativo, só que não darão espaço a ele e o acharão perturbador. Não se trata de erro de seleção, mas de falha na descrição da pessoa que a organização realmente pode absorver.

O significado é acabar com as escolhas orientadas por motivos pessoais. Nada de recomendações provenientes de círculos de conhecimento. Quanto menor o universo em que se dá a escolha, menor a possibilidade de encontrar o perfil ideal para o cargo. Se existe uma indicação de que essa pessoa participe do processo normal com muitos outros candidatos. E que o RH não receba qualquer demonstração de preferência. (Verificar: as duas últimas frases ficaram sem sentido no parágrafo.)



Há empresas que pensam que possuem sistemas de avaliação. Fazem isto uma vez por ano. Nada mais sem sentido em relação aos objetivos da organização. O que se pretende com avaliações frequentes é ajudar o funcionário a responder às expectativas da empresa, dizer-lhe o que está fazendo de bom e de ruim. Reforçar o que interessa e corrigir o que atrapalha. Será que isso é possível em intervalos anuais? É evidente que não. O ideal é a maior frequência possível. É exatamente como aquele treinamento que a gravidade faz sobre nós. Imediato, instantâneo, sem deixar passar nada.

Uma boa liderança informa seus funcionários diariamente. Por todos os meios. Até sorrisos de aprovação fazem parte de um sistema de avaliação. Avaliações formais precisam ocorrer pelo menos mensalmente. Assim há tempo para correção de rumos.

O processo de avaliação deve ser participativo. Ou seja, não se pode esperar que avaliações em que a chefia preenche formulários sejam um bom sistema. Elas virão cheias de opiniões pessoais, serão muitas vezes injustas. O melhor é montar uma classificação de características com frases descritivas. O funcionário e a chefia discutem conjuntamente cada uma das avaliações. O peso da nota que o chefe atribui deve ser igual ao da nota que o empregado avalia ser correta. Esta é a oportunidade de cada um explicar por que isto ou aquilo ocorreu. Discorrer sobre a razão desta ou daquela opinião. A chance de exortar e se retratar, para ambos os lados.

Avaliação participativa significa que ela é feita em conjunto, ao mesmo tempo, pelo avaliador e pelo avaliado. Não é hora de exercer autoridade, mas, sim, de ajudar, de ser amigo, colaborar na construção do seu pupilo, do seu subalterno. É hora de ser humilde, de aprender com ele sobre as nossas falhas como líder.

## O sistema de treinamento deve avaliar e preparar para as funções demandadas

Vimos que uma universidade corporativa avalia aproveitamentos. Atribui notas de desempenho nas disciplinas que ministra. Também, nos exercícios práticos, avalia-se o aluno em suas capacidades de liderança, aceitação a críticas, habilidade em relacionamentos.

Esse conjunto de notas integra a ficha funcional e deve embasar o sistema de promoções. Isso cria um forte efeito de interesse coincidente entre o que a empresa deseja com o sistema de treinamento e as ambições profissionais do trabalhador. Ambos trabalharão na mesma direção.

## Controle de metas que informe quem é mais eficiente e dedicado em suas atividades

No desempenho regular há, então, metas a serem cumpridas. Seu acompanhamento é permanente. Os campeões, os que melhor cumprem suas metas, são os candidatos naturais à promoção.

Mas isso não pode ser perturbado pelo Princípio de Peter, que diz que os funcionários são promovidos dentro de uma organização até que se mostrem incompetentes. Portanto, uma organização antiga operando assim terá cada vez mais gente trabalhando sem ter habilidade para tal. Não é, portanto, absolutamente certo que um campeão de vendas será um bom gerente. Aí entram as pontuações do sistema de treinamento e as avaliações funcionais, assim como o trabalho de um hábil chefe de RH.

O cumprimento de metas e o bom desempenho na função presente são uma boa recomendação. Ela, porém, deve ser temperada por outros dados para que uma promoção seja bem-sucedida.

Transformar uma empresa em uma meritocracia significa contrariar muitos hábitos arraigados. As nomeações por simpatia. As recomendações de amigos. As avaliações de gabinete, em que as mais incríveis coisas são ditas para queimar um candidato sugerido a uma promoção. Tudo isso tem de ser abandonado em prol de um método transparente. Tão claro que qualquer funcionário possa saber sua posição presente e o que deve fazer para melhorar sua candidatura a um cargo superior. Tão límpido que ninguém possa duvidar de que tal colega é o melhor candidato à próxima vaga, de que ele acumulou avaliações, notas, cursos e cumprimento de metas que justificam sua promoção.

Desta maneira, a meritocracia vira o jogo e transforma os interesses de todos em convergentes. Alinha a direção dos esforços, desarticulando o jogo de poder anterior que envenena as relações, destrói a confiança na justiça e, pior, subordina os interesses maiores da organização aos medíocres objetivos pessoais de acúmulo de poder. A meritocracia trabalha fortemente a favor de tornar os interesses coincidentes.

As organizações públicas seriam igualmente sensíveis a uma metodologia semelhante. A dificuldade, embora muito maior, é a mesma que obstaculiza esse tipo de implantação nas empresas privadas. Resistência dos interesses prejudicados.

Um sistema comandado pela meritocracia tende a beneficiar a inteligência e a competência; todos os beneficiários de um processo de alianças políticas saem prejudicados dessa iniciativa. As habilidades de um bom político não são necessariamente as mesmas de um bom trabalhador, em muitos pontos são mesmo conflitantes. A consequência é a oposição surda à introdução de admissões por capacidade e promoções por mérito. Mas em absoluto isso não é impossível.

Resta dizer que Einstein foi recusado por duas universidades europeias, em Zurique e em Berlim, com o argumento de que lhe faltava um título universitário, pois ele havia feito apenas uma escola politécnica. Assim, não tinha títulos que o habilitassem a ensinar Física na faculdade, e o fato de ser judeu também não contou a seu favor em Berlim,[29] como era óbvio naquela época.

Um sistema de seleção por capacidade não pode ser tão cego que se torne apenas burocrático. É preciso haver discernimento para enxergar certas capacidades que, por serem excepcionais, não se encaixam em regras comuns. Para tanto, os olhos dos selecionadores têm de estar abertos, sob pena de deixar um Einstein escapar entre os dedos e ir para Princeton, que foi para onde o levaram os americanos depois que esse prêmio Nobel de Física escapou da Alemanha nazista.

# CAPÍTULO 15

# A Teoria dos Jogos

Toda a lógica da implantação de um sistema de trabalho, utilizando-se o princípio dos interesses coincidentes, repousa na possibilidade de mudar as regras do jogo em vigência. Quando a regra é simples, é fácil mudá-la e prever o resultado. É o caso do vendedor que ganha comissão mais baixa para determinado produto – ele simplesmente passa a evitar esse produto.

A alteração da regra é fácil: basta equiparar as remunerações ou, se desejável, pagar mais ainda naquilo que se quer incentivar. No entanto, alguns problemas apresentam complexidade muito mais alta. Quanto maior o número de variáveis envolvidas, mais difícil se torna o problema. E a dificuldade não cresce de modo aritmético – ela cresce geometricamente, como no problema do papel dobrado (Capítulo 10).

Para exemplificar, vamos tomar o problema conhecido como *truelo,* um caso típico da teoria dos jogos. Inclui a análise dos interesses dos outros participantes, exatamente como acontece nos tipos de problema que precisamos solucionar e dos quais este livro tem tratado.

Três homens resolvem solucionar uma grave dissensão por meio de um truelo: um duelo a três. Ocorre que A é um mau atirador. Ele acerta uma vez, em cada três tiros que dá; B é mediano, acerta duas vezes em cada três; e C é infalível, atinge o alvo três vezes em cada três.

Para equilibrar um pouco as oportunidades, eles decidem que A atirará primeiro. Depois virá B e, em seguida, C. E continuarão a atirar sempre nessa ordem, até que reste apenas um vitorioso.

Nesse ponto, surge a pergunta: qual é a conduta mais favorável para A? Como ele deve atirar para melhorar suas chances de sobrevivência? Se A atirar em B e errar, B disparará sobre C, a maior ameaça para si. Acertando e eliminando C, de novo será a vez de A, que tem 33% de chances de acertar B, o qual, em seguida, sobrevivendo, atirará em A com 66% de probabilidade de acerto.

Se A acertar B, o seguinte a atirar será C, que, com certeza, eliminará A. E, ainda, se A disparar sobre C e errar, repete-se então o mesmo raciocínio inicial. Se, entretanto, eliminar C, B se voltará contra ele, com 66% de chances de vitória. Conclui-se, assim, que a pior coisa possível para A é acertar alguém. A melhor conduta é atirar para cima. Eliminado um dos adversários, as chances e a vez retornam para ele.

Isso demonstra que basta introduzir um jogador a mais e variações de competência para que tudo fique muito mais complexo e a melhor solução, oculta. A saída mais satisfatória é mais difícil de ser encontrada porque as considerações demandam vários passos e é preciso levar em conta os interesses dos outros participantes. Mais ainda, a conduta mais produtiva pode ser aparentemente contrária ao senso comum.

## A derrapagem na curva

Enquanto eu explicava uma metodologia de metas para o diretor de uma empresa, ele criou uma imagem bem exata:

– Essa questão de não aumentar as metas para assim obter mais da equipe contraria o que estamos acostumados a pensar. É como ensinar uma pessoa a tirar um carro de uma derrapagem em uma curva. Se pisar no freio, o carro sai pela tangente e o acidente é certo. Ao contrário do que o instinto diz, o que se precisa fazer é acelerar levemente e procurar o raio máximo para controlar o veículo.

Neste exemplo, estamos lidando com apenas uma atitude. Quando é necessário alterar as regras do jogo para toda uma sociedade, a habilidade tem de ser grande. Mas pode-se ir desmontando, item por item, os estímulos que conduzem a interesses divergentes entre os indivíduos e a organização.

Ora, os jogos se dividem em dois grandes grupos: os cooperativos e os não cooperativos. Existem os jogos de duas pessoas segundo uma equação cuja soma é zero, como o xadrez. São jogos em que, quando um ganha o outro perde; quanto piores forem as decisões de um, mais favorecido será o outro. Além disso, os jogos podem ser disputados uma vez, ou muitas. Há grande diferença aí, porque um combate repetido permite o estabelecimento de compromissos mútuos. Coisa que é possível acontecer mesmo em guerras.

Pegue-se uma convenção como a de Genebra. Acordou-se a proibição de gases nas batalhas e ambos os lados se submeteram a ela, o que ocorreu na Segunda Guerra Mundial sem violações.[30]

Ainda temos jogos com informação absoluta, como os jogos de tabuleiro. Todos conhecem, instantaneamente, as decisões, as posições alheias, e nesse tipo de jogo o interesse também é transparente. No caso do *War*, um jogo de guerra muito popular, o fato de não se conhecer o objetivo do adversário é um complicador importante. No caso do pôquer, o desconhecimento da mão do adversário é parte essencial das complicações das probabilidades envolvidas.

E, ainda, o jogo é repetido inúmeras vezes, o que é bastante diferente de um jogo disputado apenas uma vez. Mais ainda no caso de partidas cooperativas, em que os jogadores podem sinalizar aos outros participantes seu desejo de realizar pactos. Isso altera profundamente as estratégias possíveis.

O que estamos examinando são os jogos dentro de uma empresa. Competições por prêmios, metas coletivas e individuais, mas sempre interdependentes. São do tipo cooperativo, jogados em muitas partidas consecutivas, presumindo-se informação a mais perfeita possível.

Vamos supor que tivéssemos a oportunidade de conversar com os participantes do truelo acima descrito. A estratégia de melhor final possível para todos seria a paz. A desistência da determinação de se eliminarem uns aos outros. O jogo em que se meteram presumia, por exemplo, a conquista de uma posição única para a qual valeria à pena arriscar a vida inteira. Qualquer compromisso que permitisse a preservação das possibilidades de sobrevivência poderia ser melhor que o infinito castigo da eliminação. A mudança das regras do jogo que provocaram o truelo poderia impedir as mortes. E todos tomariam cerveja no bar. O intermediador que conseguisse demovê-los da luta, evidentemente, mereceria beber de graça. Como devem agir, então, os administradores? Eles precisam:

1. Examinar os múltiplos jogos que se realizam dentro da organização. Começam com o jogo da contratação: "Eu compro seu tempo e esforço em troca de um pagamento em dinheiro". Prosseguem com o jogo da qualidade do esforço: "Se você se esforçar, eu aumentarei seu pagamento, ou o premiarei regularmente. Se você mostrar melhores qualidades do que estimamos agora e houver vaga, eu o promoverei, e isso aumentará sua remuneração. Se você agir contra essas regras, ficará estagnado e poderá ser excluído".

2. Identificar os jogos estabelecidos com regras que trabalham contra seus objetivos. Esses jogos são incrivelmente frequentes, e nós já apontamos muitos exemplos. Basta considerar o jogo de trabalhar o mínimo possível por um salário dado. O prêmio visível é a tranquilidade. A maioria das funções, hoje, padece dessa falta de incentivo. Não há uma motivação poderosa, que atenda aos princípios do estímulo, que induza a um comportamento diferente. Os prêmios ou compensações são de longo prazo ou têm credibilidade duvidosa. O funcionário não crê no funcionamento das regras.

3. Criação de um novo jogo com atenção aos princípios do estímulo. Cada um dos jogos identificados precisa ser redefinido. Criadas as novas regras, elas necessitam de um exame acurado para se verificar o acerto de seus vetores com a direção geral. Porque há um outro jogo, uma partida geral em que a empresa está inserida, e que inclui concorrentes, preços, mercado, custos, tudo que influirá no resultado final da corporação.

Finalizado esse processo, o passo seguinte é a implantação. Miríades de obstáculos se erguerão à frente dos revolucionários. As resistências se organizam espontaneamente, todos os beneficiados pelo sistema anterior apontarão problemas. As revoluções nas empresas só são possíveis com alto comprometimento dos que detêm o poder de decisão. A doutrinação tem de começar pelo mais alto escalão possível. É importante que se explique, à exaustão, as vantagens para todos. Também as regras de um novo jogo devem causar o mínimo de prejuízo para quem quer que seja.

Há grandes vantagens na operação empresarial dentro da teoria dos jogos. As regras são adaptáveis a novas circunstâncias, os participantes são plenamente informados e, sendo interdependentes, podem entender as regras como auxílio para sua cooperação.

O ponto de inter-relação entre os jogadores é particularmente delicado, pois é muito fácil haver, dentro de uma empresa, setores com interesses conflitantes. É muito provável que pessoas com formação contábil entendam o jogo empresarial como um problema de custos e, de tanto cortá-los, acabem matando as possibilidades de crescimento. Como na anedota do cavalo inglês que, quando aprendeu a não comer, morreu de fome.

Do outro lado, o pessoal de marketing tende a sacar dos recursos com apostas constantes em resultados futuros, sem compreender que existem limites para investimento e endividamento. Um entendimento mais amplo dos objetivos finais pode aplainar essas arestas. Por essa razão, é importante uma afinação em conjunto.

## Walras e o leilão perfeito

Uma nova questão veio a alterar o comportamento empresarial a partir do final do século XX. Leon Walras[31] havia estudado matematicamente a possibilidade de um leilão perfeito de mercadorias. Imaginou ele um leiloeiro que só poderia encerrar sua tarefa quando todos os participantes houvessem recebido todas as informações: os vendedores soubessem de todas as ofertas e seus preços, e os compradores de tudo isso e de todas as disponibilidades. Sem obstáculos de entrega nem de prazos.

Isso era impossível no mundo real, porque intermediários, diferenças de informação, dificuldades de oferta, impediam a teoria de se realizar. Ela serviu principalmente para a montagem de um complexo sistema de equações, mas sua utilidade prática foi ignorada até agora.

Com a chegada da internet, um meio velocíssimo de troca de informações, associada ao aperfeiçoamento das possibilidades de entrega pela informatização, o modelo *walrasiano* de leilão perfeito ficou mais próximo da realidade. Este é um dos motivos de queda relativa dos preços por aumento exponencial da competitividade.

Um novo ambiente que demanda ainda mais competência se instalou. Todas as regras que estudamos têm aplicação ainda mais urgente nesse novo modelo.

Trata-se, portanto, de uma questão também de sobrevivência. Somente as empresas com melhores níveis de eficiência sobreviverão em uma competição que não é mais localizada. Os outros jogadores têm como tabuleiro o planeta todo. Não há resistência possível a esse tipo de mudança, já que ela ocorre por via da informação e velocidade de trocas. Só um retorno a épocas mais primitivas evitaria esse embate entre capacidades. Assim, restam apenas o aprendizado e a aplicação correta dessas técnicas para nos habilitar à seleção inevitável.

# BIBLIOGRAFIA

**A Marcha da Insensatez,** *Bárbara W. Tuchman*

A historiadora americana analisa o paradoxo de governos que executam políticas aparentemente contrárias aos seus próprios interesses.

**Comunicação – Dos Fundamentos à Internet,** *Francisco Antonio Doria e Pedro Doria*

Uma boa introdução às teorias da informação, da computação, dos jogos e seus fundamentos matemáticos.

**Uma História Íntima da Humanidade,** *Theodore Zeldin*

Um estudo, baseado em casos, de como as atitudes e as paixões da humanidade se alteraram com o tempo.

**A Mente Nova do Rei,** *Roger Penrose*

Em um livro instigante, Penrose coloca que a mecânica quântica não dá conta de investigar o funcionamento da mente, que as questões são mais profundas. Para isto penetra nos números complexos, máquinas de Turing, teoria da complexibilidade, indecidibilidade de Godel, espaço, fase, espaço de Gilbert, radiação de Hawking.

**Era dos Extremos,** *Eric Hobsbawn*

Um estudo da história do breve século XX. O fluxo e refluxo das ideias fascistas, comunistas e liberais, o declínio das democracias e o extraordinário surgimento do capitalismo como promotor de uma prosperidade jamais vista antes na história mundial.

**A Lanterna na Popa,** *Roberto Campos*

Trata-se de 1500 páginas de história do Brasil, em especial uma narrativa pormenorizada das oportunidades perdidas pelo país, ao tomar decisões insensatas e ideologizadas, enquanto outros países se abriam ao comércio e à tecnologia.

**Ensaios Analíticos**, *Mario Henrique Simonsen*

Uma tentativa, através do estudo da história do pensamento, de imprimir maior rigor científico às construções teóricas dos economistas. Usando intensamente seu instrumental matemático, o autor constrói um curso de pós-graduação inovador.

**O Espírito das Leis**, *Montesquieu*

Um clássico cheio de desejo por justiça. A lógica e o pensamento na época em que começaram a se sobrepor à fé cega.

**Criando uma Nova Civilização**, *Alvin e Heidi Tofler*

Os autores da Terceira Onda especulam sobre os efeitos políticos da era da informação

**O Príncipe**, *Nicolau Maquiavel*

Nicolau foi um simples funcionário categorizado, um observador com missões diplomáticas menores. Foi preso e torturado (apenas isso já daria o que pensar a qualquer um sobre o exercício do poder sem limites), anistiado dedicou-se à literatura, escrevendo história e também comédias. Só é possível julgar Maquiavel pelo conjunto de sua obra. Infelizmente, o manual de absolutismo com que parece *O Príncipe* marcou sua imagem de tal maneira que, aparentemente, é irrecuperável uma revisão mais ampla.

**O Estado Espetáculo**, *Roger-Gerard Schwartzenberg*

Uma demonstração de como a arte do espetáculo se sobrepôs à escolha livre, fazendo da eleição dos líderes um processo manipulável.

**Walden II – Uma Sociedade do Futuro**, *B. F. Skinner*

Por intermédio de um sistema educacional poderoso baseado na psicologia comportamental, o autor imagina uma sociedade próxima da perfeição. Uma das obras mais importantes para a escola behaviorista.

**O Erro de Descartes**, *António R. Damásio*

Com base na neurologia, Damásio contesta a separação mente/corpo estabelecida em nossa ideia do ser humano. Subjacente está a negação implícita de um conceito de alma separada com personalidade imutável.

**Psicologia e Religião Oriental**, *C. G. Jung*

O famoso psicólogo mergulha fundo nas questões emergentes à sua época, com melhor conhecimento sobre o pensamento religioso oriental.

**Budismo – Sua Essência e Desenvolvimento**, *Edward Conze*

Um estudo da história do pensamento budista, com sua negação do conceito do "eu", e os filósofos ocidentais (Hume, William James) que se aproximaram desta abordagem.

**Você – Um Estudo Objetivo do Comportamento Humano**, *Desmond Morris*

O autor de *O Macaco Nu* explica e demonstra, com numerosos exemplos baseados em ciências como a etologia, o comportamento humano em diferentes civilizações

**Comportamento – Segredos e Surpresas da Mente**, *Hans e Michael Eysenck*

Ao contrário do que pensávamos, um número muito maior de aspectos de nossos comportamentos sofre influências genéticas. Com afirmações como esta, baseadas em trabalhos científicos sérios, os autores abalam várias crenças tradicionais sobre o comportamento humano.

**Os Dragões do Éden**, *Carl Sagan*

O cérebro, seu funcionamento até onde conhecemos, suas estruturas mais primitivas e o motivo do surgimento de certos comportamentos básicos.

**Rumo à Estação Finlândia**, *Edmund Wilson*

Michelet, Vico, Marx, Engels, Lênin, Trotski são os personagens da história brilhantemente narrada pelo polemista americano. O fundo histórico e seus personagens em direção à fundação do Estado soviético.

**Decisões Fatais**, *S. L. A. Marshall - Chefe da Divisão de História do Teatro de Operações Europeu*

Entrevistas com os generais alemães, Kreipe, Blumentritt, Bayerlein, Zeitzler, Zimmerman e von Manteuffel, em que estes narram os processos decisórios que conduziram as operações. Uma excelente fonte de estudo sobre o que acontece em situações-limite, a demonstração dos resultados e suas razões.

**Manual do Perfeito Idiota Latino-Americano**, *Plínio Apuleyo Mendoza, Carlos Alberto Montaner e Álvaro Vargas Llosa*

Os autores tornam risíveis muitas crenças que alguns defendem acirradamente. Demonstram a insensatez e o sofrimento que essas ideias têm provocado no continente ao impedir um desenvolvimento sustentável.

**Boa Vida e Guerras Alheias do Fidalgo Mr Pyle**, *Alessandro Barbero*

Em 1806, o presidente americano é Jefferson e para os europeus a América é um continente bárbaro. Napoleão conquista a Europa. Um interessante panorama de como a vida transcorria na Prússia de então, de como eram os soldados, a comida e a higiene. E de como funcionavam os governos e as lideranças militares.

# NOTAS

1. Ver Capítulo 15.

2. *Da Guerra*, de Carl von Clausewitz.

3. Master Business Administration: Mestrado em Administração de Negócios.

4. Carl Friedrich Gauss, matemático alemão. Consta que Napoleão, em 1807, poupou Gottingen, a cidade onde ele residia, porque "o maior matemático de todos os tempos mora lá".

5. Jean Cocteau, escritor francês.

6. Câmara escondida que filma reações sem que seja percebida. O programa original americano tinha esse título.

7. *Boa Vida e Guerras Alheias do Fidalgo Mr. Pyle*, de Alessandro Barbero. Diário de viagem de um diplomata norte-americano no tempo das guerras napoleônicas.

8. A chamada "tolerância zero" não significou a retirada do poder discricionário da polícia. Neste sentido é mais uma frase propagandística que uma atitude de intolerância total.

9. Nicolau Maquiavel, teórico da administração pública e política. Seu livro (*O Príncipe*), escrito à época dos Médici em Florença, é um clássico de lucidez sobre a natureza humana.

10. Max Weber, sociólogo alemão, estudou a influência do protestantismo e de sua ética de trabalho no desenvolvimento capitalista.

11. Machado de Assis, escritor brasileiro, autor de *Memórias Póstumas de Brás Cubas*, *Quincas Borba* e *Dom Casmurro*, entre outras obras. Viveu no tempo do Império e é um clássico do vernáculo.

12. Abraham H. Maslow: *Motivation and Personality*. A citada pirâmide lista, da base para o topo: necessidades fisiológicas, segurança, pertinência, autoestima e autorrealização.

13. Adolf Hitler, líder do nazismo alemão, provavelmente a personalidade mais execrada do século XX.

14. Vilfredo Paretto, economista italiano, autor de *Trattato de Sociologia General e Manuel D"Economie Politique*.

15. Resultados ainda mais espetaculares podem ser obtidos com a incorporação técnica externa. O sistema Shingeo Shingo aplicado na Toyota e em outras fábricas orgulha-se de reduções em tempo de *set up* (troca de ferramental) da ordem de três dias para três minutos.

16. O budismo não considera a existência de um deus criador e tampouco a sobrevivência da individualidade após a morte.

17. Isaac Newton, matemático e físico inglês. Descreveu a lei da gravitação. Aperfeiçoamentos a ela só vieram no século XX com a relatividade Einsteiniana (Albert Einstein, físico judeu-alemão, autor da teoria da relatividade, ganhou o prêmio Nobel pela descrição do efeito fotoelétrico).

18. Exceção são os *kibutz* socialistas israelenses. No entanto, apenas 3% da população aceita permanecer livremente nessas fazendas. Há que se reconhecer nestas um idealismo comunitário, além de um controle do egoísmo natural. O mesmo sucede nos mosteiros religiosos de várias denominações.

19. Tomaso de Lampedusa, escritor italiano. *O Leopardo*, romance que se passa na Sicília, aborda os problemas da aristocracia atropelada pelos novos tempos e suas mudanças.

20. *Amish*: fundamentalistas cristãos que tentam viver como se estivessem em uma época passada, sem incorporar novas tecnologias.

21. Mórmons: seguidores de Joseph Smith, cristãos fundamentalistas com novas escrituras. Creem em revelação contínua, não bebem, não fumam, evitam estimulantes como o café. Têm rígida conduta moral.

22. Carma ou *karma*, palavra em sânscrito que expressa a lei de causas e consequências. Tudo que sucede a alguém provém do *karma* acumulado por ele, seus pais, seu país, sua civilização.

23. Karl Marx, filósofo e economista judeu alemão, escreveu na Inglaterra, enquanto testemunhava a revolução industrial, o livro *Das Kapital* (*O capital*), o qual inspirou o movimento comunista.

24. Carl Sagan, *Os dragões do Éden*. Um estudo sobre a formação do cérebro humano.

25. Método que surgiu no Japão e foi base da implantação do Sistema de Qualidade Total nas empresas: senso de utilização, senso de arrumação, senso de limpeza, senso de saúde e higiene e senso de autodisciplina.

26. Para Marx, o acúmulo do capital provinha de uma apropriação indébita de parte do valor do trabalho. Não era evidente o efeito do conhecimento naquela época. O trabalho era repetição de movimentos facilmente aprendidos. Esta a

razão da crença de que, se o trabalhador possuísse os meios de produção, suas perspectivas seriam equilibradas. Ele teria como ficar com a " mais valia" de seu esforço.

27. La Salle, criador da ordem Lassalista, concebeu as classes múltiplas, criando um sistema originalmente dedicado aos pobres. Com o tempo suas escolas transformaram-se em instituições voltadas para a classe média ascendente.

28. *História Universal dos Judeus: da Gêneses ao Fim do Século XX,* Elie Barnavi.

29. Até hoje a Alemanha pratica o *jus sanguinis,* só é alemão o filho de pais alemães. Essa a razão pela qual somos obrigados a  nos referir a Einstein como judeu-alemão. Em seu país de origem, ele sempre foi considerado judeu. No Brasil prevalece o *jus solis,* quem nasce aqui é brasileiro, a raça não importa.

30. É claro que ambos os lados tinham a possibilidade de retaliar uma infração à regra acordada. Se assim não fosse, o acordo fracassaria. A mesma possibilidade coibiu o uso do poder nuclear para nosso bem coletivo.

31. Leon Walras: *Elements d'économie purê.*

9 788857 656272 6